香港非物質文化遺產系列

中秋節——薄扶林舞火龍

鍾寶賢　郭錦洲　著

中華書局

目錄

高添強先生藏相

第一章

引言

1956 年薄扶林（高添強先生藏相）

1970 年薄扶林與華富（高添強先生藏相）

英國畫家筆下的華南（位置為今薄扶林瀑布灣），
繪畫年份約為 1816 年（高添強先生藏相）

攝於 1975 年的華富瀑布（高添強先生藏相）

1978 年華富（高添強先生藏相）

●　●　●　●

每逢中秋節（農曆八月十五日）的晚上，家家戶戶點起燈籠、品嚐月餅之際，香港島薄扶林村居民則凝聚一起，舉辦與別不同的節慶活動——他們會把禾草捆紮成龍的形狀，在龍身插滿香火並揮舞巡遊全村，祈求獲得神明庇佑。這一年一度的節慶活動，涵蓋火龍紮作、點睛、參拜、巡遊，以及名為「龍歸滄海」的送龍儀式，目的主要為祈求合境平安。舞火龍除了是宗教節慶，也是村民社交和凝聚社群認同的場合，具有重要的文化意義。

薄扶林村地處港島西南的山谷之中，三面環山，面向東博寮海峽。溯自 1819 年編纂的《新安縣志》內，記有「薄鳧林」這村落的名字，學者憑這名字推敲，上址很可能是一處野鴨群集棲息的叢林。時至今天，居民傳說薄扶林村受惠於一個「三水環村，金水環帶」的風水格局，匯聚人流、凝聚福澤。「三水」是指由奇力山、太平山和西高山的山澗匯聚成，環繞着村落的三條河溪；三條河溪交匯後，經過今薄扶林道橋底，形成瀑布飛瀉而下，流過瀑布灣一帶。水草豐茂的地理特點深切地影響着村落的發展脈絡，不同的群體亦以祭祀和儀式等活動來回應和面對在這片土地上生活所面對的種種挑戰，當中舞火龍的祭祀活動，以及舞火龍時會途經的各位神祇，便是具體例子。

舞火龍是舞龍文化的其中一項體現，若為舞龍文化窮源溯流，首先要理解龍在中國歷史上的崇高地位。自古以來，中國人一直信仰並祭拜着龍的圖騰，牠是中國最具代表性的神獸之一，其文化含義一向豐富。人們揮舞龍形作祭祀的舞龍文化源遠流長，至少在漢代已有文獻記載舞龍祈雨的儀式。按清代康熙時期

薄扶林村全景照片（由研究團隊拍攝於 2021 年）

至民國初年的地方文獻所述，中秋節舞火龍原是鄉村兒童的節慶活動，兒童縛草插香，紮成火龍揮舞，以此為樂。

而舞火龍紮根於薄扶林村，據説已有過百年歷史，起源與大坑舞火龍相近，傳説源於十九世紀末當地發生了一場瘟疫，當時村民相信香火能驅除瘟疫，而龍又是祥瑞的象徵，故火龍巡遊有淨化全村的作用。

中國各地的舞龍活動都有着不同的龍形，多以當地盛產的物料製作其專屬的龍形。薄扶林村火龍主要由禾草和竹紮作而成，基本工序包括：

（一）破竹、削竹
（二）製作支架
（三）鋪上禾草
（四）裝飾
（五）插香、點睛

上世紀六七十年代，薄扶林村舞火龍活動百花齊放，村內曾經有多於一條火龍在中秋佳節出現，村民對此印象非常深刻。活動在 1973 年中秋因爭執而被禁止，直至上世紀八十年代末才得以復辦，並加以統合為代表全村的一條火龍。

現時，薄扶林村舞火龍由薄扶林村火龍會統籌，並由薄扶林村街坊福利會提供各項場地支援。火龍會在 2015 年成為註冊社團，並按法例要求，代表村民向香港警務處申請舞龍許可。

2003 年，聯合國教育、科學及文化組織大會通過《保護非物質文化遺產公約》。翌年 8 月，中國正式加入《公約》，香港特別行政區政府於同年 12 月也宣佈《公約》適用於本港。

根據《公約》的定義，非物質文化遺產分為以下五方面：

（一）口頭傳統和表現形式，包括作為非物質文化遺產媒介的語言；

（二）表演藝術；

（三）社會實踐、儀式及節慶活動；

（四）有關自然界和宇宙的知識和實踐；及

（五）傳統手工藝。

2014 年，薄扶林村舞火龍作為「社會實踐、儀式、節慶活動」項目獲列入香港非物質文化遺產清單。2017 年，項目更以「中秋節——薄扶林舞火龍」的名義，得香港非物質文化遺產諮詢委員會列入「香港非物質文化遺產代表作名錄」，獲肯定為具有高文化價值和急需保存的項目。2019 年，香港浸會大學歷史系獲非物質文化遺產辦事處的「伙伴合作項目」資助，為「中秋節——薄扶林舞火龍」進行研究並出版本書。

這項研究歷時大約三年，藉着文獻回顧、田野考察和口述資料的相互結合，來探索和了解薄扶林舞火龍的源流。

為深入了解孕育這項文化的村落背景，研究參考了各項傳統文獻（如中國各地的地方志）、香港政府部門檔案（如十九世紀六十年代的薄扶林差餉紀錄、上世紀九十年代南區民政事務處檔案等）、前人研究、舊相片、舊地圖，以及網上資源（如薄扶林村火龍會紀錄片、村民受訪片段），來追溯村落和舞火龍背後的發展脈絡；2020 至 2022 年，研究團隊在連續三年的中秋節晚上

到訪薄扶林村作影像記錄及觀察，這幾年正值 2019 冠狀病毒病肆虐全港之際，當地火龍活動在路線和儀式上均有所調整，而本研究亦恰巧為這些調整提供了紀錄，體現了村民在傳承傳統上的堅持與彈性；與此同時，研究團隊訪問了多名村民，如由薄扶林村村民談當地原居家族的開村傳說、祭祀傳統及風俗，村內火龍紮作師傅介紹火龍紮作技藝，薄扶林村火龍會負責人講述火龍會組織及傳承工作等等，為研究提供更多角度的探究空間。

本書共分為六章，目的為藉着探討薄扶林村舞火龍活動的紮作和儀式，發掘隱藏於儀式背後的社區歷史脈絡，並從當地舞火龍組織架構的發展演變，深入了解薄扶林村居民如何透過火龍活動凝聚彼此，並努力傳承這種社區文化。最後，我們希望透過觀察、記錄和爬梳文獻資料，整體、全面地了解「舞火龍」這項非遺項目的承傳現況，並提出對香港非遺文化的一點思考和討論，希望引起更多讀者對非遺項目的關注與興趣。

薄扶林村全景照片（由研究團隊拍攝於 2021 年）

劉永康 @ 康港劉影（攝於 2018 年）

第二章

由祭祀至非物質文化遺產——舞火龍的歷史流變與區域分佈

圍繞「龍」祭祀的社區活動發展已久，不同地域的「龍」祭祀文化呈現多元紛呈之面貌。本章嘗試透過整合官方文獻、方志、筆記文集和報紙等資料，梳理舞火龍的歷史發展脈絡，探討地域文化一統多元的結構，揭示祭祀禮儀、習俗在文化傳承上的歷史作用及價值意義。[1]

1 關於中國龍文化的研究，參考衛聚賢：《龍與舞龍》（香港：説文社，1953 年）；徐華鐺：《中國的龍》（北京：輕工業出版社，1988 年）；鄭德華主編：《中國龍文化研究：以澳門舞醉龍及其他個案為中心》（香港：三聯書店，2019 年）。

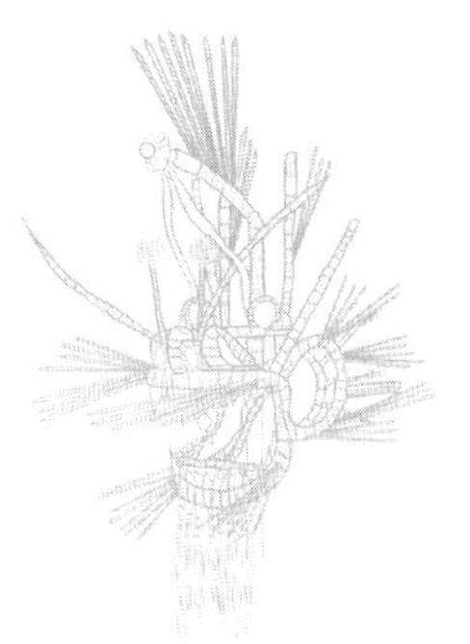

第一節
傳統文獻的記載與演變

在中國文獻中，龍起初的形象與火龍的「火」屬性相反，與「水」有關，具體的表現方式是祭龍祈雨。考古發現商代已有祭龍祈雨的甲骨文字，如「其乍（作）龍于凡田，有雨」的卜辭辭例。[2] 有民俗學者分析，這以製作以龍形狀的物品來祈禱求雨，是一種以類求之的巫術。[3] 一般認為，古籍中首先明確記錄舞龍祈雨活動的是西漢（前 202－8）著名學者董仲舒（前 179－前 104）所著的《春秋繁露》。[4] 書中〈求雨〉一文記述了當時四季求雨的儀式規範，舞龍便是當中的一環，以下列舉秋冬兩季資料作參考：

秋暴巫尪至九日……以庚辛日為大白龍一，長九丈，居中央，為小龍八，各長四丈五尺，於西方，皆西鄉，其間相去九

2 「龍舞（銅梁龍舞）」，中國非物質文化遺產網：https://www.ihchina.cn/project_details/12832/（讀取日期：2022 年 6 月 13 日）；《合集》29990；引自「漢字甲骨部件分析 —— 龍」，香港中文大學漢語多功能字庫網頁：http://humanum.arts.cuhk.edu.hk/Lexis/lexi-mf/oraclePiece.php?sub=1&piece=%E9%BE%8D（讀取日期：2022 年 6 月 13 日）。

3 鄭志明：《宗教神話與崇拜的起源》（台北：大元書局，2005 年），頁 38；關於商代祈雨文化，另見黃原華：〈論商周巫舞祈雨祭的文化傳承與流變〉，《中華人文社會學報》第 12 期，2010 年 3 月，頁 96-155。

4 徐華鐺：《中國的龍》，頁 223；吳富德：《中華民俗藝術 —— 舞龍》（台北：中華民國僑務委員會，1989 年），頁 8；中國體育博物館國家體委文史工作編委會編：《中華民族傳統體育志》（南寧：廣西民族出版社，1990 年），頁 598；「龍舞（銅梁龍舞）」，中國非物質文化遺產網：https://www.ihchina.cn/project_details/12832/（讀取日期：2022 年 6 月 13 日）。

尺，鱞者九人，皆齋三日，服白衣而舞之，司馬亦齋三日，衣白衣而立之……

冬舞龍六日，禱於名山以助之……以壬癸日為大黑龍一，長六丈，居中央，又為小龍五，各長三丈，於北方，皆北鄉，其間相去六尺，老者六人皆齋三日，衣黑衣而舞之，尉亦齋三日，服黑衣而立之……[5]

此文描述了時人求雨所作的龍形顏色、長度、大小、方位，以及舞龍日期、人數、舞者衣着、間距、齋戒日數，但當中不見與元宵、中秋等節日有所連繫。《春秋繁露》關於舞龍祭祀的記述，成為後代的範本，唐朝（618－907）《藝文類聚》中的《神農求雨書》亦有相類似的紀錄，其內容明顯是轉引自《春秋繁露》。[6] 無論是漢朝的《春秋繁露》，還是唐朝的《藝文類聚》，作者都是朝廷官員，其內容也代表了政權的立場，換句話説，舞龍祈雨是一種受官方承認的祭祀活動。

祭龍求雨由文獻紀錄落實到民間實踐的過程相當複雜，當

5 【漢】董仲舒：《春秋繁露》，卷十六，〈求雨〉，頁三至六（台北：中華書局據抱經堂本校刊，1965 年）；【漢】董仲舒撰；賴炎元注譯；中華文化復興運動推行委員會，國立編譯館中華叢書編審委員會主編：《春秋繁露今注今譯》（台北：台灣商務印書館，1984 年），頁 399-407。

6 【唐】歐陽詢撰、汪紹楹校：《藝文類聚．卷一百》〈災異部．旱〉（上海：上海古籍出版社，1965 年）中引錄，頁 1723。《神農求雨書》時代不明，據傳神農氏曾撰《漢書．藝文志》所記〈農家．神農〉二十篇；〈兵陰陽家．神農兵法〉一篇；《五行家．神農大幽五行》二十六卷；《雜占家．神農教田相土耕種》十四卷；《經方家．神農黃帝食禁》七卷；《神仙家．神農雜子技道》二十三卷，惟已散佚，甚是《漢書．藝文志》及《隋書．經籍志》均不見載，故《藝文類聚》所引之《求雨書》，疑為隋唐時代的偽作。

中更涉及佛教中龍王形象的傳入，再加上道教和民間信仰，導致龍成為玉帝天庭的一員和不同川河湖泊的地方神明。不同信仰如佛、道及儒等文化的互相交流和競爭，讓祭龍以更多一層文化形象展現。據《續資治通鑒》記載的北宋時期（960－1127）：「凡五年屬久旱，州吏白召巫作土龍祈雨，元辰曰：『巫本妖民，龍止獸也，惟精誠可以格天。』乃集道士設壇醮，潔齋三日，百拜懇祈信宿而雨。」[7] 另見《太平御覽》：「又日大曆九年七月久旱，是日澍雨豐霈，初京兆尹黎幹以旱故祈雨於朱雀街，造土龍悉召城中巫覡更舞，觀者駭笑。」[8] 從以上文獻可見，土龍祈雨活動不乏「巫」、「道」的儀式專家參與，儘管文獻中記有士大夫嘲諷的態度立場，但祈雨活動最終都是在地方政府認可下進行。

至於舞火龍的「火」大約何時在文獻上出現呢？根據南宋《夢粱錄》元宵篇記載：「又以草縛成龍，用青幕遮草上，密置燈燭萬盞，望之蜿蜒，如雙龍飛走之狀」，杭州元宵草龍身上便放置了「燈燭」。另外南宋章甫有詩〈白露行〉，當中有詩句記述當時巫覡祈雨儀式中同樣用草紮成的龍形：「州前結壇聚巫覡，頭冠神衣競跳擲。縛草為龍置壇側，童子繞壇呼蜥蜴。」[9] 此文雖然沒有「火」的形象，但當中記錄了作者在淮南真州的見聞。杭州和真州位處江南，草龍配上「火」的屬性是否中國南方習俗，

7 【清】畢沅撰：《續資治通鑒．卷五十六》（清文淵閣四庫全書本），文淵閣四庫全書數據庫。

8 《太平御覽．卷第七百三十五》〈方術部十六〉（四部叢刊三編景宋本），文淵閣四庫全書數據庫。

9 《自鳴集．卷二（民國豫章叢書本）》，中國基本古籍庫。

我們不得而知，但有研究指出這可能與農事有關。中國人把一年分為二十四節氣，過節即是在農業社會的生產周期內一個階段步入另一階段。而在農業社會中，水是重要的生產資源，火則是收成最大的威脅，故端午節和中秋節可以說是傳統生產季節的兩個指標，兩個節日的慶祝都強調了水和火的元素。[10] 有趣的是，這兩個節日同樣有龍的元素在其中，例如龍舟和舞火龍。

中秋節舞火龍，在清代至民國時期有頗多文獻記載，清康熙時期的吏部尚書汪由敦曾撰詩集《松泉集》，當中注腳有提「中秋俗尚月餅、小饅頭，兒童縛草插香為龍狀，群擎舞以相樂」。[11] 清道光時期河北《趙州志書》記：「八月中秋，果餅祭月，兒童作火龍舞。」[12] 1923 年上海《少年》雜誌收錄了一篇安徽績溪鄉人的投稿，描述了該鄉遊草龍的風俗：「到了中秋節這一天，有很多童子，拏些稻草，扎成草龍一條，龍肚上插着竹竿十餘根，長約四尺，再買些香和爆竹，等到夜分時候，將香燃點，插在草龍上，每人各執竹竿一根，到街上遊行數次，放些爆竹，有些人家看見草龍到了他的門前，便拏香一把，燃點了插在龍上，於是爆竹聲音，和童子的歡呼聲兩相應和，實在鬧熱得很，要到夜靜時候，將草龍送到河中，才各散去。」[13] 中秋節舞火龍是鄉村兒

10 蔡志祥：《酬神與超幽：香港傳統中國節日的歷史人類學視野（上卷）》（香港：中華書局，2019 年），頁 66-71。

11 【清】汪由敦：《松泉集．詩集卷二》（清文淵閣四庫全書本），文淵閣四庫全書數據庫。

12 【清】陳釗鏜修；李其馨等纂：《趙州志書（道光）》，中國數字方志庫。

13 邵俊傑：〈遊草龍〉，《少年（上海 1911）》第 13 卷第 10 期（1923 年），頁 81-82。

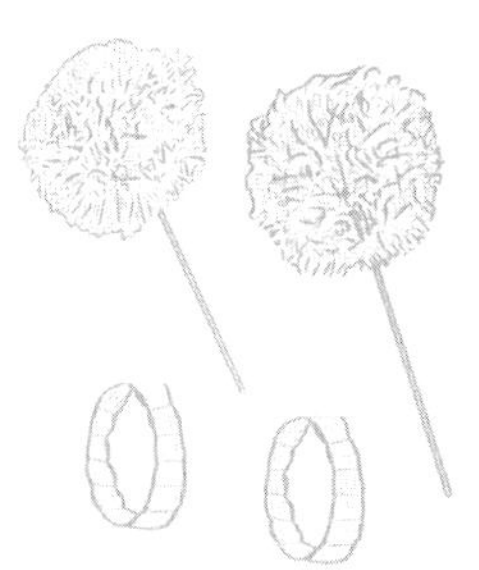

童的節慶活動，兒童縛草插香，紮成火龍揮舞，以此為樂。

祭龍由獨立的求雨祭祀，發展為元宵節和中秋節的活動，經過漫長的歷史過程。至明清時期，關於舞火龍的描述非常多樣，除了是節日的慶祝方式，也可以是因應某些特殊原因，例如求雨等，所作之儀式。而且舞火龍活動分佈甚廣，出現在中國大江南北。清嘉慶廣東《龍川縣志》：「上元，張燈樹，放煙花，扮八景，舞火龍，互相誇巧。」[14] 清光緒湖北《衡山縣志》「沴疫舞火龍於田閒，以除諸蟲之為苗害者，亦即秉畀炎火之意」。[15] 民國時期四川《民國新修合川縣志》描述了元宵節舞火龍驅疫：「火龍以篾編成，龍首籠紗，裱糊餘用紙糊，式甚簡單，玩龍者均裸體紅巾覆髮遊行通街市，人嘘花煌煌火城元宵夜尤甚，謂此可以驅疫。」[16] 民國福建《永春縣志》記：「十五日夜為元宵，本極繁盛，惟永春近城則自十四夜起，蓋城南前溪村人於是迎龍山巖張自觀道士及蕭黃二公之神，遠近各村均以燈樂來會火龍及燈排，有長至十數丈者，百戲競設殽核戶陳男女聚觀自宵達旦。」[17]

舞火龍遍佈中國不同地方而又各式各樣，不能簡單地視之為祭祀文化的傳播，而需要以中國地域一統多元的文化視角來

14 【清】胡瑃修；勒殷山纂：《龍川縣志（嘉慶）》（清嘉慶二十三年[1818]），中國數字方志庫。

15 【清】李惟丙、勞銘勳修；文岳英等纂：《衡山縣志（光緒）》（清光緒間（1875－1908），中國數字方志庫。

16 鄭賢書修；張森楷纂：《民國新修合川縣志》（民國十年[1921]），中國數字方志庫。

17 臥雲樓主人（鄭翹松）纂修：《永春縣志》（民國十九[1930]），中國數字方志庫。

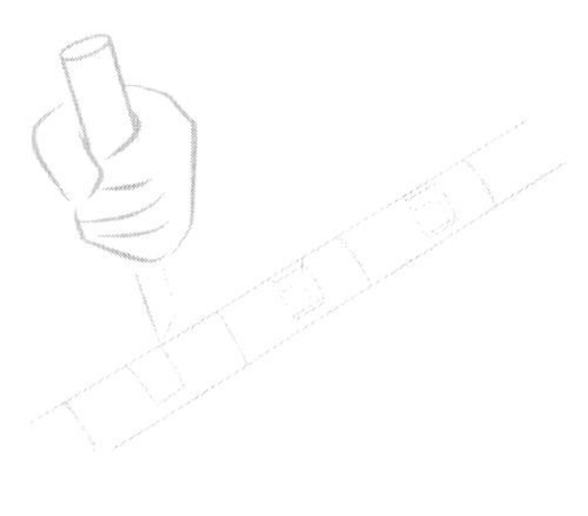

理解。學術界一直注意到祭祀禮儀在國家和地方社會之間的重要性，簡單來說，王朝除了設立衙門、派駐軍隊和建立稅收制度等方式外，祭祀禮儀也是與地方打交道的方法，具體如冊封或壓制地方神明，又或是大力推廣如祠堂祭祖；而地方社會當然也有其自主性，可以接受、拒絕或調適王朝施加的祭祀禮儀。這種王朝與地方社會互動的結果，最後形成了一統多元的情況——即驟眼看全國有一套近似的祭祀禮儀，但仔細觀察便會發現，各處地方的祭祀禮儀是各具特色、與別不同。例如天后信仰，在中國南部地區，是一種普遍的習俗信仰，但不同地方的天后祭祀儀式和內容又各具特色，最終形成一統多元的文化現象。[18]

在一統多元的文化結構下，不同的地方社會孕育出不同的舞龍文化，那麼華南舞火龍具有什麼特色呢？這點會在下節交待。

18 David Faure. *Emperor and Ancestor: State and Lineage in South China*. Stanford: Stanford University Press, 2007; James Watson. "Standardizing the Gods: The Promotion of Tien Hou (Empress of Heaven) Along the South China Coast, 960-1960", in David Johnson, Andrew J. Nathan, and Evelyn S. Rawski. (eds.) *Popular Culture in Late Imperial China*, Berkeley: University of California Press, 1985, pp. 292-324.

第二節
華南地區的歲時節慶與舞火龍

華南為處五嶺以南，過往被描述為族群龐雜，蠻煙瘴雨之地，也是北方官員受貶謫而前往的地方。儘管廣州城有着長久與海外如阿拉伯商人通商的歷史，但城外大量土地是到明朝時期才開發，也是到了此時，由華南文人撰寫關於當地的文章才大量出現。為了證明他們的居住地並非蠻煙瘴雨之鄉（也證明自己不是化外之民），他們把華南的民風民俗接上北方被視為「華夏大一統」的文化系統中，所謂的「華南文化」，其實經歷了一套「統一」的過程，即是在過去被鄙視為蠻風陋俗的華南民風民俗，後來逐步提升為「廣東文化」，甚至是「中國文化在廣東」。[19] 華南的舞火龍也是在這基調上，透過士人的筆下作為一項民風民俗展現出來。

明朝嘉靖二十七年（1548）《香山縣志》記載：「四月八日，僧家浴佛，俗各祭其祠神，曰轉龍頭。」這有可能是最早的相關紀錄，此處所指的「轉龍頭」是否就是今人理解的舞龍？可惜欠缺更多詳細內容來判斷。嘉靖《香山縣志》作者黃佐，也編纂了《廣東通志》，記錄廣東不同州府的風俗，建構了華南歷史敘述的解釋模式；他編纂的地方志內容，亦成為後代方志的楷模；而他編纂地方志的目的，是要證明華南原屬「嶺外」，在經過士人移

19 關於華南文化的建構，可參考程美寶：《地域文化與國家認同：晚清以來「廣東文化」觀的形成》（北京：三聯書店，2006 年）。

風易俗的努力後逐漸「向化」，這點也影響了後來的方志編纂者。清朝乾隆十五年（1750）《香山縣志》〈風俗〉便記載：「四月八日，僧家俗佛，里社祭神於廟，曰轉龍頭。是日里人奉祠神，鑼鼓旗幟，歌唱過城，市曰迎神。家以錢米施之，或裝為神龍，歌舞數日而罷，今其俗亦少革。」首先要留意，這段文字是列入地方志〈風俗〉的條目內，依循了黃佐的方向；其次，如比較明朝和清朝的《香山縣志》內容，可以發現除了「四月八日，僧家浴佛」二句是一樣之外，清朝地方志的細節內容，與其說是補充黃佐的內容，不如說是描述地方民間祭祀的景象，最後一句「今其俗亦少革」正道出地方官嘗試革除這種風俗的意向，但最後失敗的無奈。

值得注意的是，清朝和民國時期，華南舞火龍已發展成一種獨特的展現方式——它是祭祀活動的一環，但不是一種獨立的祭祀或節日。簡單來說，華南多在元宵節、中秋節或慶祝神誕時，會舉辦舞火龍活動，但卻沒有一個火龍節。民國十五年（1926）廣東《始興縣志》記：「八月中秋節各家備月餅菓栗供祀祖先，入夜文人則啣杯賞月，少年則舞火龍演故事，婦女則對月剖柚謂食之目明。」[20] 1935 年 9 月 15 日《工商晚報》報道：「南海十區石灣中約沙頭三街等坊眾，因就爭奪廟前舖業的官司勝訴，認為是菩薩有靈，故把該廟粉飾一新，並大肆舉行巡遊，又聯同何龐兩族，在中秋節當晚起，連續三晚競賽火龍。」[21] 這

20 陳賡虞修；陳及時纂：《始興縣志》（民國十五年 [1926]），中國數字方志庫。
21 〈石灣之秋興夜舞火龍〉，《工商晚報》，1935 年 9 月 15 日。

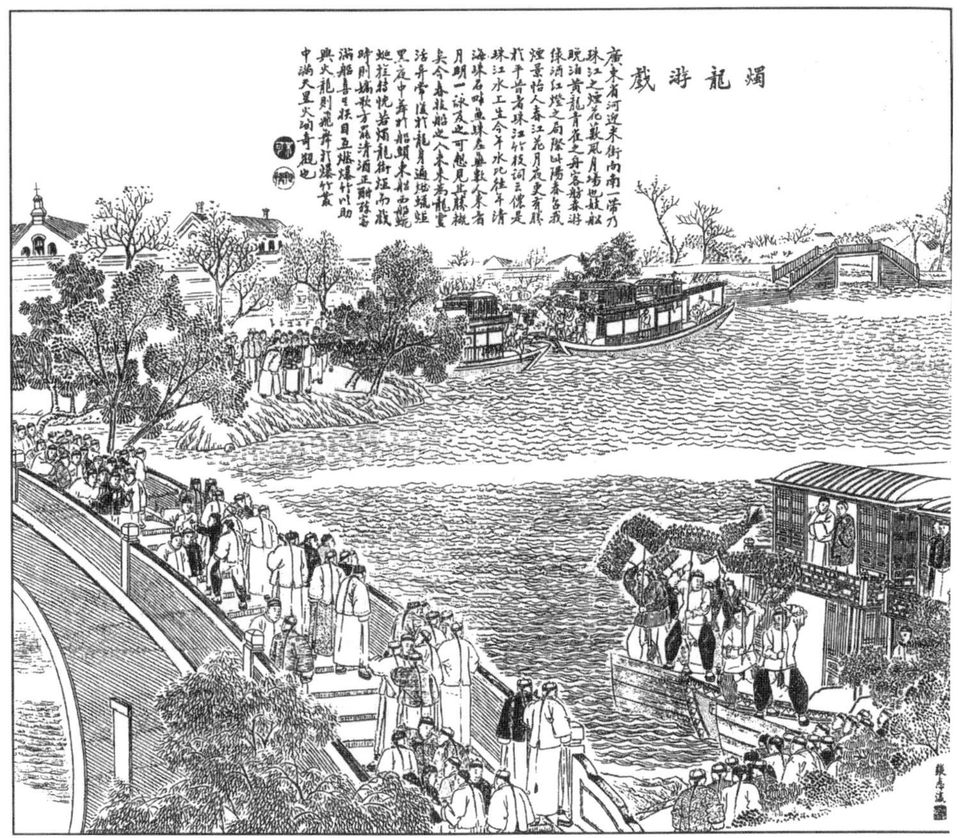

燭龍遊戲
資料來源：吳友如、張奇明：《點石齋畫報：大可堂版》（第八冊）光緒十七年辛卯三月中旬至光緒十八年壬辰正月上旬 1891 年 4 月至 1892 年 2 月，（上海：上海畫報出版社，2001 年），頁 76。

篇報道非常重要，顯示出舞火龍在地緣祭祀的角色，舞火龍已不只是一般的節日活動，更是慶祝某地方廟宇確立擁有權的酬神活動，確定「石灣中約沙頭三街坊眾」和「何龐兩族」這些特定群體對廟前舖業的管理權。

1936 年一份標題為〈粵各縣告旱，農民舞火龍互鬥〉報道，更明顯地記錄了舞火龍如何融入了地方神明節誕或祭祀，表現出其地緣性：

> 西江雲浮縣上坑嶺所屬六鄉，地勢高陂，欲車水灌田，亦有所不能，各農民擬於本月十日禱天祈雨，舁北帝偶像巡行各鄉，夜間舞火龍叫雨，查所謂火龍，係以稻草紮成長二約丈餘之龍形，滿插香火，由農民高舉，鳴鑼擊鼓而行，詎鄰鄉下坑嶺鄉人，以俗例凡舞火龍之後，附近各鄉必有疫症發生，即糾合數十人馳至，強將上坑嶺所舞火龍搶去，上坑嶺黃姓睹狀，急出而爭奪，雙方遂釀成鬥毆。[22]

22 〈粵各縣告旱 農民舞火龍互鬥〉，《福爾摩斯》，1936 年 5 月 28 日。

這篇報道指出，「稻草紮成」、「滿插香火」的「火龍」在「鳴鑼擊鼓而行」，最後結果是與鄰鄉出現爭執。要了解這篇報道，千萬不能忽視北帝神像巡行這部分，北帝的巡遊和火龍鳴鑼而行其實是在「遊神」。「遊神」即是地方社區巡遊屬於他們的地方神明，在地方祭祀是非常普遍的，卻容易引起村落之間的衝突，因為神像巡遊活動能夠表達出地方社會的地緣範圍和地方實力，故「遊神」隊伍有意無意間越過村界，便會引起村落之間的衝突。[23]

如果說華南的鄉鎮在明清時期有其移風易俗的背景，那麼廣東省城則經歷了一段略為不同的城市歷史。1842 年《南京條約》簽定，廣州成為五個通商口岸之一，急速商業化發展也為舞火龍增添上繁華氣派的形象。清光緒時期《點石齋畫報》收錄了一幅題為「燭龍遊戲」的版畫，描繪了當時廣東妓船上人們表演舞火龍的情況：

廣東省河迎米街向南一帶，乃珠江之煙花藪，風月場也。妓船晚泊黃龍青雀之舟，客舫春游。綠酒紅燈之局，際此陽春召我，煙景怡人，春江花月夜，更有勝於平昔者。珠江《竹枝詞》雲：「儂是珠江水上生，今年水比往年清，海珠石畔魚珠在，無數人來看月明。」一詠及之，可想見其勝概矣。今春技船之人，束禾為龍，靈活異常，復于龍身遍燃蠟炬，黑夜中舞於船頭，東船西船，蜿蜒旋轉，恍若燭龍銜炬，而戲時則嬌歌方罷，清酒正

23 關於地方祭祀與地緣關係，參考蔡志祥：《酬神與超幽：香港傳統中國節日的歷史人類學視野（上卷）》，頁 217-237；278-281。

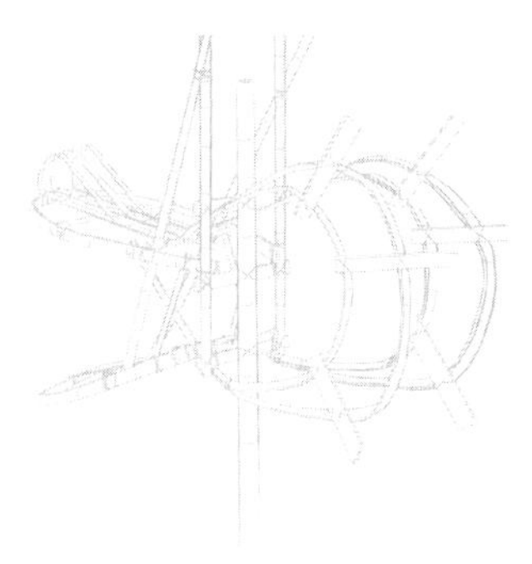

酣，殊客滿船，喜其娛目，互燃爆竹以助興。火龍則飛舞于爆竹叢中，滿天星火，洵可觀也。[24]

《點石齋畫報》描繪了廣東城市風月場所的舞火龍景象，而這幅景象與十九世紀沿海城市發展關係密切。城市發展人口急速流動，外來移民遷入的同時會把故鄉的節誕習俗帶入，但這些外來的節誕習俗後來在當地紮根及發展。文章沒有提到舞火龍是在哪一節期舉辦，只提到是「春遊」期間，在城市商業化背後，舞火龍已經成為「洵可觀也」的娛樂表演活動，失去了節期性的祭祀文化內涵。《點石齋畫報》字裏行間展示出的是燈紅酒綠和歌舞昇平的繁榮氣象，舞火龍所服務的對象是「殊客滿船」的「客」，而非一個特定地緣的社區人群。[25]

在二十世紀，華南舞火龍漸漸脫去祭祀色彩，改為以民間民俗、藝術和舞蹈等方式展現。上世紀八十年代，中國政府成立中國民族民間舞蹈集成編輯部，「動員和組織全國力量進行民族民間舞蹈藝術的普查、收集和整理編寫工作」，中國各省的舞龍

24 吳友如、張奇明：《點石齋畫報：大可堂版》（第八冊）光緒十七年辛卯三月中旬至光緒十八年壬辰正月上旬 1891 年 4 月至 1892 年 2 月（上海：上海畫報出版社，2001 年），頁 76。

25 蔡志祥：《酬神與超幽：香港傳統中國節日的歷史人類學視野（上卷）》，頁 331。

活動以「民俗舞蹈」的名義得以記錄。[26] 其中〈廣西卷〉介紹了南寧市邕寧縣良慶鄉的「香火龍」活動，鄉民用竹篾、樹枝紮製龍架，並纏上仙人掌、老虎檬，龍身上每節之間由一條草繩所連繫（鄉民稱為「龍筋」），舞龍時分別在龍頭、龍身、龍尾插滿信香。參與者除了舞火龍眾，還包括手持龍珠、龍牌燈、魚燈、蝦燈、蟹燈、猴燈、兔燈以及敲打鑼鼓助慶的鄉民。「香火龍舞」每逢農曆八月十四、十五、十六日，即中秋節前後舉行，「香火龍」在良慶鄉的四鄰鄉間穿圩過巷，被稱為「火龍遊鎮」；遊龍活動結束後，鄉民會爭先割下代表「龍筋」的草繩收藏，相信就此可保一年人畜興旺，然後，舞火龍者便將「香火龍」拋進邕江，以示龍歸大海。[27] 以上詳細記載了華南舞火龍的地點、日期、參與者等資料，儘管舞火龍是被記錄在與「舞蹈」相關的著作中，但仍有篇幅描述其祭祀色彩，例如村民會割下製作火龍的草繩作為保佑平安之用，同時，舞火龍也只會在特定節日才舉行。

以民間民俗、藝術和舞蹈等方式展現的舞火龍也被賦予一種連接古今的歷史觀，《中國民族民間舞蹈集成．廣東卷》（1996）

26　中國民族民間舞蹈集成編輯部：《中國民族民間舞蹈集成．廣西卷》（北京：中國 ISBN 中心，1992 年），頁 II；中國民族民間舞蹈集成編輯部：《中國民族民間舞蹈集成．廣東卷》（北京：中國 ISBN 中心，1996 年），頁 II。其他類似的刊物，可參考中華舞蹈志編輯委員會：《中華舞蹈志：廣東卷》（上海：學林出版社，2006 年）；朱介凡編：《中華諺語志（第六冊）》（台北：台灣商務印書館，1989 年）；中國銅梁龍燈藝術節組委會編：《中國龍文化與龍舞藝術研討會論文集》（重慶：重慶出版社，2000 年）。

27　中國民族民間舞蹈集成編輯部：《中國民族民間舞蹈集成．廣西卷》（北京：中國 ISBN 中心，1992 年），頁 624；中華舞蹈志編輯委員會：《中華舞蹈志：廣西卷》（上海：學林出版社，2004 年），頁 156。

指出：「龍舞流傳歷史悠久……廣東省越族的圖騰崇拜主要是蛇，後來從蛇圖騰衍變成龍圖騰。」[28] 一篇由藝術節委員會出版的文章提到相似觀點，「廣東人歷史上為古南越人，其時崇拜蛇圖騰，後演變為龍圖騰崇拜，龍是人們心目中最神聖的靈獸，因此舞龍也就是一項最神聖的活動了。」[29] 關於華南舞龍文化起源的論述亦被連繫至古越族的蛇圖騰崇拜，而這種論述似乎也與明清時期如黃佐等士人筆下的舞火龍有一脈相承之處，在王朝帝制時期，舞火龍是一種被視為「今其俗亦少革」的風俗，也是地方「向化」的指標之一；到了二十世紀，華南舞火龍則成為「中國民族」民間舞蹈的一員。不論是風俗也好，民間舞蹈也好，舞火龍是在華南地區連接至大一統文化這個論述下展現出來。

從以上的文獻記述，我們發現華南舞火龍包含了豐厚的文化資源。香港位處華南地區，與鄰近地方文化互通。因此，薄扶林舞火龍具有華南火龍文化元素是自然不過的事情，但香港也經歷過一段與華南截然不同的歷史，所以要了解薄扶林舞火龍，我們還要查考香港舞火龍的歷史，從中窺探舞火龍在本地如何生根、發展以至於變成今天重要的傳統文化遺產。

28 中國民族民間舞蹈集成編輯部：《中國民族民間舞蹈集成．廣東卷》，頁 6。

29 楊明敬：〈摩登廣東舞龍人〉，載中國銅梁龍燈藝術節組委會：《中國龍文化與龍舞藝術研討會論文集》，頁 329-332。

絅線灣，1946-47 年。絅線灣曾經是舞火龍的終點
Hedda Morrison photograph collection, Harvard-Yenching Library

第三節
香港舞火龍的歷史

1898 年英國政府與清廷簽署《展拓香港界址專條》，新界成為租借地，英國政府答應新界居民可以保存他們的風俗習慣，但不單是新界，就算是九龍和香港島，1997 年前的香港政府基本上是不太干預這些地方的節誕活動。根據上世紀的報紙報道，香港不同地區都有舞火龍活動。如 1937 年 8 月 30 日香港《工商日報》報道：「筲箕灣居民於昨日起，舉行（譚公誕出遊）防疫大運動，一連日夜會景三日夜……夜景中昨晚舉行火龍出遊……」[30] 1940 年 9 月 23 日香港《華字日報》報道：「最近霍亂流行，患者以貧民為多……一般迷信者流，竟不知從衛生上防範，而諉為天降邪疫，以種種無聊舉動，謂可辟邪，九龍城方面，早已有舞龍做戲之舉，不料西營盤區居民，又有人於前（廿一）日發起『菩薩出遊』及舞草龍之舉。」[31] 而在這些報道中，不乏大坑舞火龍的紀錄。

1910 年 9 月 20 日香港《華字日報》以「舞龍何益」為題，報道香港每逢中秋節「多有閒散之人以草結龍為戲」，「去歲大坑鄉人因舞草龍一事，與銅鑼灣堅尼地馬房之馬夫滋事互相毆打，故本年禁止該處之人，不得再舞草龍，以免再生事端」，不料中

30 〈筲箕灣居民 昨舉行防疫運動 昨晚會景舉行火龍巡遊〉，香港《工商日報》，1937 年 8 月 30 日。

31 〈迷信市民可憐可笑 舞草龍驅疫鬼〉，香港《華字日報》，1940 年 9 月 23 日。

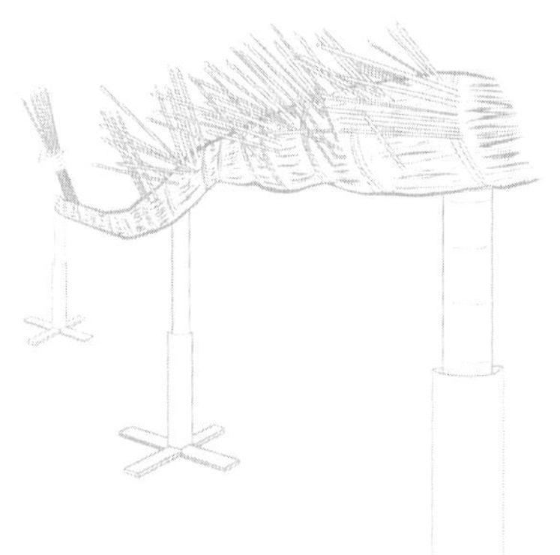

秋當夜仍有人犯禁，聚眾紮龍，唯僅紮成龍首，即被警務人員干涉，被控未經華民政務司的許可，擅自作巡遊等事。[32] 報道以否定的態度評論舞火龍，標題為「舞龍何益」，以「閒散之人」來形容舞龍者，並視之為衝突的禍源。

到 1933 年已有報道如此描述大坑舞龍：「銅鑼灣大坑村，每年一屆中秋節，附近各童輩，群起將乾草捆紮成龍，長及十餘丈，插滿香火，沿大坑各道而舞，相傳必如是，附近各地始得大吉。」[33] 以上這份紀錄顯示，香港大坑村的中秋舞火龍是鄉村兒童的節慶活動。值得留意，報道對於大坑舞火龍的傳說着墨不多，僅言「附近各地始得大吉」，強調舞火龍「趨吉」的作用。舞火龍相關的故事在 1936 年 10 月 1 日《孖剌西報》（*Hong Kong Daily Press*）有較多着墨：「在過去的 40 年，大坑村每年中秋節都舉行舞火龍活動，據聞大坑村首度舞火龍之際，瘟疫肆港，大坑村幸成當時唯一免於瘟疫的地方。」[34] 這篇報道首次將大坑舞火龍的起源連繫至瘟疫，並明確指出年份為 1896 年。

香港大坑舞火龍，除了是地方節慶活動外，更是地方社區表明政治立場和參與國家事務的方式。1937 年中日戰爭爆發，大坑坊眾以「國難嚴重」為由，在該村舉行火龍表演，籌款賑災；[35] 1953 年 6 月初香港各區舉行英女皇伊利沙伯二世加冕會景巡遊，

32 〈舞龍何益〉，香港《華字日報》，1910 年 9 月 20 日。

33 〈中秋節昨日本港之一瞥〉，《工商晚報》，1933 年 10 月 5 日。

34 "Fire-Dragon Procession", *Hong Kong Daily Press*, 1 October, 1936.

35 〈大坑今日別開生面舞火龍〉，香港《工商日報》，1937 年 10 月 9 日。

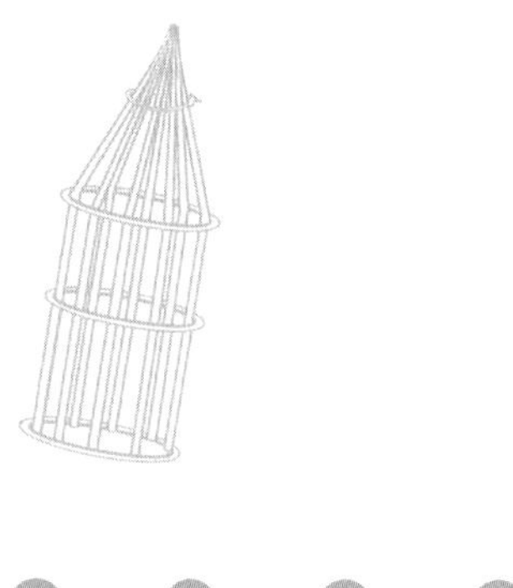

報道稱大坑街坊在區內蓋搭牌樓，並舞火龍助興。[36] 自此以後，關於大坑舞火龍的報道，相對較為正面，內容愈見詳細，例如將大坑中秋舞火龍起源的年份追溯至 1880 年，描述由「村內」男丁組織舞龍，並在傳説起源中增加大蟒蛇遭村民擊斃的情節等等。[37] 1962 年 9 月 14 日《華僑日報》以「帶來安寧幸運的大坑草龍的來歷」為題報道，訪問了時任大坑街坊會理事長甄子傑，當中內容已具備了大坑舞火龍故事的基本元素：「大坑舞草龍乃起因於大約七八十年前的一次疫症流行，當時頗使大坑的居民受到損害，因此病死的不少，居民都惶然不可終日，後來幸得幾位父老獻議，舞草龍以辟疫症，結果草龍一出，天下蒼生都獲救，疫症果然消除，於是便成為大坑街坊幾十年來的傳統。」[38] 在這

36 〈慶祝加冕欵十萬 大坑坊眾舞火龍〉，《華僑日報》，1953 年 4 月 1 日。大坑舞火龍在戰後也參加過不少大型社區慶祝活動，例如 1961 年尾，大坑坊眾福利會接受市政局邀請，在掃桿埔的政府大球場表演火龍；1983 年，大坑舞火龍為灣仔節閉幕禮的壓軸表演；1997 年大坑街坊與薄扶林村村民分別在灣仔修頓球場和黃竹坑球場表演舞火龍，慶祝香港回歸祖國。〈大坑坊眾福利會 舞火龍慶賀中秋〉，《華僑日報》，1961 年 9 月 23 日；〈灣仔節壓軸戲舞火龍 今晚七時半在修頓球場舉行〉，《大公報》，1983 年 9 月 20 日；"Party Manifesto Part II: The who, what, where, why and when of the handover-your guide to the events in Hong Kong during the month, compiled by Tinja Tsang", *South China Morning Post*, 22 June, 1997。近代以祭祀作為一種與社會或政治連繫的方式，並非少見，參考潘淑華：〈英靈與餓鬼：民國時期廣東地區的盂蘭節與萬緣會〉，載蔡志祥、韋錦新、潘淑華編：《迷信話語：報章與清末民初的移風易俗》（香港：香港科技大學華南研究中心，2013 年），頁 ii-xvi。

37 〈中秋夜一連三晚 大坑舞火龍盛況〉，《華僑日報》，1959 年 9 月 18 日；〈大坑火龍有段古〉，《工商日報》，1978 年 9 月 19 日；〈大坑舞火龍報平安〉，《華僑日報》，1985 年 9 月 29 日；〈大坑舞火龍 歷史逾百年〉，《華僑日報》，1987 年 10 月 7 日；〈大坑火龍昨夜起舞 連續三日驅邪求安〉，《華僑日報》，1988 年 9 月 25 日。

38 〈帶來安寧幸運的大坑草龍的來歷〉，《華僑日報》，1962 年 9 月 14 日。

篇報道中，舞火龍關乎地方平安，需要年年繼續，不能停辦，並且以「傳統」來形容。

訴諸「傳統」，是地方社區成員解釋「為何」和「如何」籌辦節誕習俗的理據，但過往的研究提醒我們，「傳統」並非一成不變，事實上，每一次社區成員舉辦節誕習俗，都會因應城市化帶來的挑戰而有所調適。如前所述，舞火龍是中秋節舉行，而節日的慶祝和祭祀是周期性的社會活動，由社區成員不同程度地參與其中。影響香港舞火龍發展的並非是來自政府的直接干預，而是急速都市化的壓力，本地的社區不論是城市或是鄉村，都經歷了擴展、消逝和再定義等等的變化。大坑位處銅鑼灣，由村落轉為密集型的高樓大廈，原村民陸續遷離，經濟能力較佳的中產居民遷入，社區成員身份也在轉變，難以簡單定位。但這並不表示節誕習俗就會從此消失，因為只要調適得當，它們便能尋找出發展空間。在急速都市化的壓力下，傳統節誕習俗未必人人重視，甚至被視為落後的文化象徵，但就在城市居民面對都市化、人際關係疏離與政治社會轉變的挑戰和壓力下，反而會尋求一份精神慰籍、身份認同感，甚至渴望與傳統文化連結，這時，節誕習俗便會成為連結對象，安撫民心。[39] 大坑舞火龍就是這樣隨着香港社會的轉變而一直長期調適，而在這個漫長過程中的最大關鍵，便是成功登錄入國家級非物質文化遺產名錄。

39 關於節誕在都市的調適，參考蔡志祥：《酬神與超幽：香港傳統中國節日的歷史人類學視野（上卷）》；廖迪生：〈傳統、認同與資源：香港非物質文化遺產的創造〉，載文潔華主編：《香港嘅廣東文化》（香港：商務印書館，2014 年）。

2003 年 10 月 17 日，聯合國教科文組織第 23 屆大會通過《保護非物質文化遺產公約》，中國加入該公約，並先後於 2006 年、2008 年、2011 年、2014 年和 2021 年公佈了五批國家級非物質文化遺產代表性項目名錄。中國各地的舞龍活動大多作為「傳統舞蹈」項目，部分則以「民俗」項目列入，詳見下表：[40]

中國國家級非物質文化遺產
代表性項目名錄中的舞龍活動

項目名稱	申報地區或單位	類別	公佈時間
龍舞（銅梁龍舞）	重慶市	傳統舞蹈	2006
龍舞（湛江人龍舞）	廣東省湛江市	傳統舞蹈	2006
龍舞（汕尾滾地金龍）	廣東省汕尾市	傳統舞蹈	2006
龍舞（浦江板凳龍）	浙江省浦江縣	傳統舞蹈	2006
龍舞（長興百葉龍）	浙江省長興縣	傳統舞蹈	2006
龍舞（奉化布龍）	浙江省奉化市	傳統舞蹈	2006
龍舞（瀘州雨壇彩龍）	四川省瀘縣	傳統舞蹈	2006
龍舞（易縣擺字龍燈）	河北省易縣	傳統舞蹈	2008
龍舞（曲周龍燈）	河北省曲周縣	傳統舞蹈	2008
龍舞（金州龍舞）	遼寧省大連市金州區	傳統舞蹈	2008
龍舞（舞草龍）	上海市松江區	傳統舞蹈	2008
龍舞（駱山大龍）	江蘇省溧水區	傳統舞蹈	2008
龍舞（蘭溪斷頭龍）	浙江省蘭溪市	傳統舞蹈	2008
龍舞（大田板燈龍）	福建省大田縣	傳統舞蹈	2008

40 「國家級非物質文化遺產代表性項目名錄」，中國非物質文化遺產網：https://www.ihchina.cn/chinadirectory.html#target1（讀取日期：2022 年 6 月 13 日）。

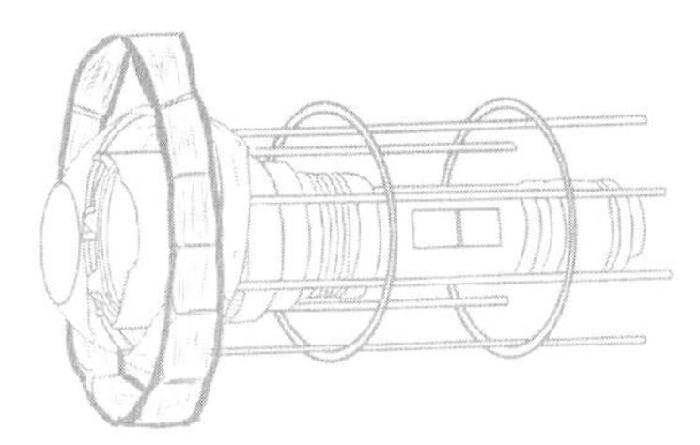

（續上表）

項目名稱	申報地區或單位	類別	公佈時間
龍舞（高龍）	湖北省武漢市漢陽區	傳統舞蹈	2008
龍舞（汝城香火龍）	湖南省汝城縣	傳統舞蹈	2008
龍舞（九龍舞）	湖南省平江縣	傳統舞蹈	2008
龍舞（埔寨火龍）	廣東省豐順縣	傳統舞蹈	2008
龍舞（人龍舞）	廣東省佛山市	傳統舞蹈	2008
龍舞（荷塘紗龍）	廣東省江門市蓬江區	傳統舞蹈	2008
龍舞（喬林煙花火龍）	廣東省揭陽市	傳統舞蹈	2008
龍舞（醉龍）	廣東省中山市	傳統舞蹈	2008
龍舞（黃龍溪火龍燈舞）	四川省雙流縣	傳統舞蹈	2008
龍舞（浦東繞龍燈）	上海市浦東新區	傳統舞蹈	2011
龍舞（直溪巨龍）	江蘇省金壇市	傳統舞蹈	2011
龍舞（碇步龍）	浙江省泰順縣	傳統舞蹈	2011
龍舞（開化香火草龍）	浙江省開化縣	傳統舞蹈	2011
龍舞（坎門花龍）	浙江省玉環縣	傳統舞蹈	2011
龍舞（龍燈扛閣）	山東省臨沂市	傳統舞蹈	2011
龍舞（火龍舞）	河南省孟州市	傳統舞蹈	2011
龍舞（三節龍）	湖北省雲夢縣	傳統舞蹈	2011
龍舞（地龍燈）	湖北省來鳳縣	傳統舞蹈	2011
龍舞（芷江孽龍）	湖南省芷江侗族自治縣	傳統舞蹈	2011
龍舞（城步吊龍）	湖南省城步苗族自治縣	傳統舞蹈	2011
龍舞（香火龍）	廣東省南雄市	傳統舞蹈	2011
龍舞（六坊雲龍舞）	廣東省中山市	傳統舞蹈	2011
中秋節（大坑舞火龍）	香港特別行政區	民俗	2011
民間信俗（魚行醉龍節）	澳門特別行政區	民俗	2011

（續上表）

項目名稱	申報地區或單位	類別	公佈時間
龍舞（鼇江劃大龍）	浙江省平陽縣	傳統舞蹈	2014
龍舞（手龍舞）	安徽省績溪縣	傳統舞蹈	2014
龍舞（潛江草把龍）	湖北省潛江市	傳統舞蹈	2014
龍舞（徽州板凳龍）	安徽省黃山市休寧縣	傳統舞蹈	2021
龍舞（王貴武龍燈）	湖北省黃石市鐵山區	傳統舞蹈	2021
龍舞（板板龍燈）	湖南省張家界市慈利縣	傳統舞蹈	2021
龍舞（安仁板凳龍）	四川省達州市	傳統舞蹈	2021
元宵節（百節龍習俗）	湖北省鄂州市	民俗	2021
元宵節（德江炸龍習俗）	貴州省銅仁市德江縣	民俗	2021
元宵節（苗族舞龍嘘花習俗）	貴州省黔東南苗族侗族自治州台江縣	民俗	2021
民間信俗（小白龍信俗）	上海市金山區	民俗	2021

舞龍活動在中國陸續申請成為非遺項目的大背景下，香港政府在 2009 年向北京申報大坑舞火龍（以及另外三個項目）入選非遺項目，最後申報在 2011 年得到確立。非遺是國家政策，申報成功除了得到資源外，也是一種國家認同。

登錄成為非遺後對大坑舞火龍的其中一個影響，就是確立了一個起源故事。時至今日，大坑坊眾福利會所設立的舞火龍網頁如此描述當地火龍起源：

大坑火龍，始於公元一八八〇年，距今已有百多年矣。火龍創立前，大坑區原為一客家農村，人口稀少，村民多以耕種，打石，捕魚為生，日出而作，日落而息，生活頗為清淡。據傳本村受某次風災蹂躪後，發現一大蟒蛇，為村民擊斃，送警署處理，時值夜深，放下後，翌晨蛇屍，不翼而飛，不料數日後，大坑村發生瘟疫，死人無數，村民惶惶不可終日。後村中父老，獲菩薩報夢，言於中秋佳節，舞火龍繞村遊行，燃炮竹，可驅瘟疫矣。炮竹內含硫磺白藥，加以香火，經薰蒸後，此古老良方，果然奏效，村民大喜，自始每年紮製火龍，巡行全村，祈求合境平安。[41]

有研究留意到，這個故事除了放在網上外，也在舞火龍現場不斷以中英文廣播，原因是這個故事的對象並非大坑居民，而是外來觀眾。大坑舞火龍在城市化的調適和非遺影響下，已成為一項需要切合外來觀眾期望的表演，也因為這個原因，這個故事增加了一些過往不曾有的細節，例如與銅鑼灣警署有關，所以故事不能只是單單有大坑的歷史，還需要有可以觸發外來觀眾歷史意識的元素，而整個過程，是將舞火龍故事標準化起來。[42] 這個故事是建基於過往百年故事層層遞增累積的歷史上，故大坑舞火龍的故事能夠引起香港市民的共鳴，因為這個故事其實是他們熟知的香港歷史縮影。

41 大坑坊眾福利會：「大坑火龍起源」，http://www.taihangfiredragon.hk/about.html（讀取日期：2022 年 6 月 13 日）。

42 廖迪生：〈「傳統」與「遺產」——香港「非物質文化遺產」意義的創造〉，載《非物質文化遺產與東亞地方社會》（香港：香港科技大學華南研究中心、香港文化博物館，2011 年），頁 270-271。

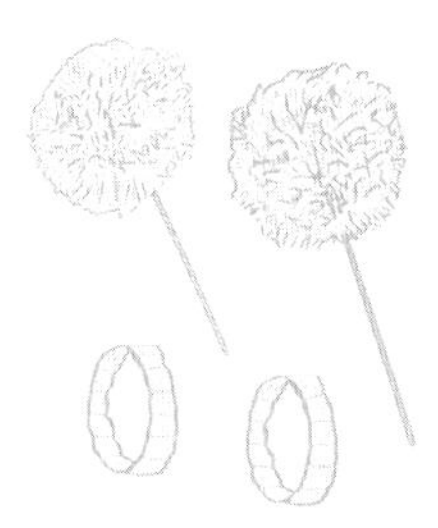

在這約 100 年的發展過程中，大坑舞火龍已不是 1910 年那篇報道般由「閒散之人以草結龍為戲」，而是由村民組織起來「祈求合境平安」的驅瘟活動；最後標準化後的舞火龍故事，也不單是大坑的歷史，而是成為了香港舞火龍的歷史。雖然這套舞火龍故事是地方歷史，但在中國不同地方同樣有各自的火龍故事，而各地的火龍故事是在非物質文化遺產這個國家政策下統合起來，所以也是一種一統多元的文化結構。地方社會可以決定是否申報，但非物質文化遺產是由國家主導和設計，所以向國家申報這個行動，其實是認同了一統多元這個理念。

小結

舞火龍歷史悠久，文化內涵豐富，而且表現方式是隨時間演變，並層層累積。本章嘗試整理出舞火龍由中國帝制時期發展至現今，在不同的國家權力、文化傳統和法律制度交織下，所經歷過的一段由祭祀至非物質文化遺產的傳承關係。傳統文獻記載祭龍先是王朝認可的祈雨祭祀，後來發展為分佈各地的中秋節舞火龍；在明清至民國期間，舞火龍是華南地方社會的風俗，同時也是省城商業化下的娛樂表演；在急速都市化的香港，舞火龍透過不斷調適尋找發展空間，在非物質文化遺產這個議題下建立自己的角色。無論是屬於祭祀、風俗或是非物質文化遺產的一員，舞火龍都是在一統多元這個文化結構下展示出來。累積而來的歷史和文化內涵為薄扶林村村民提供依據，建構屬於他們的舞火龍故事。

劉永康 @ 康港劉影（攝於 2018 年）

薄扶林村，1946-47 年
Hedda Morrison photograph collection, Harvard-Yenching Library

劉永康 @ 康港劉影（攝於 2019 年）

第三章

傳與承：薄扶林村的舞火龍儀式

節日的其中一項特徵是周期性，儘管舞火龍不是一個獨立的節日（沒有一個名為「火龍節」的節日），但舞火龍卻是薄扶林村每年中秋節一項極具標誌性的活動。由於是周期性，村民在生命歷程的不同階段都有不同程度的參與，並且擔當不同崗位角色。例如村民年幼時，參與程度較低，仍是是觀察者和參與者的角色；隨着年齡漸長，村民會擔任更多事務和保安工作，參與程度漸高；成年後，部分村民更會負責組織和社交的任務；到老年時，便化身為監督和指導活動的角色。[1] 由前輩帶領和教導，後輩參與和學習，透過這種周期性的實踐，使舞火龍這項文化節慶活動，得以世世代代、生生不息地傳承下去。

然而，面對時代變遷，傳統的舞火龍活動亦因應社會、政治、經濟而有所變化，特別是在急速都市化的壓力下，傳統節日活動為了延續必須有所適應和調節。[2] 在舞火龍活動中，最能顯現出新舊傳承的，便是火龍的紮作技藝和如何執行儀式兩方面，它們也是本章的重點。最後，我們也會一併探討紮作者身份的傳承。

1 關於節日的特性，參考蔡志祥：《酬神與超幽：香港傳統中國節日的歷史人類學視野（上卷）》，頁 85-87。

2 廖迪生：〈非物質文化遺產：新的概念，新的期望〉，《非物質文化遺產與東亞地方社會》，頁 5-6。廖迪生：〈「傳統」與「遺產」—— 香港「非物質文化遺產」意義的創造〉，載《非物質文化遺產與東亞地方社會》，頁 273。

火龍壁，2020 年薄扶林舞火龍終站

1989 年

蟠龍

1989 年薄扶林村中秋舞火龍「蟠龍」照片（由陳佩珍女士提供）

龍頭

1989 年薄扶林村中秋火龍「龍頭」照片（由陳佩珍女士提供）

點睛

1989 年薄扶林村中秋火龍點睛照片（由陳佩珍女士提供）

2018 年後

蟠龍

2019 年薄扶林村中秋舞火龍「蟠龍」照片（由陳子安先生提供）

龍頭

2018 年薄扶林村中秋火龍「龍頭」照片（由劉永康先生提供）

點睛

2020 年薄扶林村中秋火龍點睛照片（由研究團隊於 2020 年拍攝）

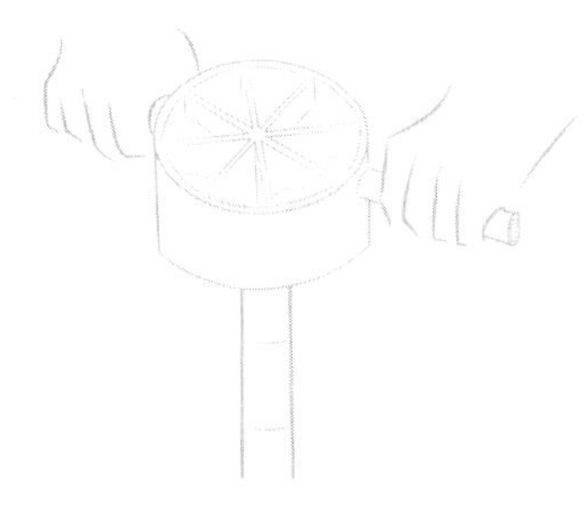

第一節
火龍紮作技藝

火龍紮作曾經是一門薄扶林村老幼皆曉的傳統技藝。在上世紀六七十年代，薄扶林村有一段火龍各有各紮、百花齊放的時光，後來在 1973 年舞火龍活動因出現爭執而被港府禁止，直至 1987 年才得以復辦。[3] 復辦以來，薄扶林村火龍由村民共同紮作，初時由吳江南師傅統領，後來交由他的弟弟吳江乾師傅負責。火龍一般長約 30 米，其外形在近幾十年來愈見精緻，特別是龍嘴部分更為闊大，對此吳江乾師傅稱：「以前條龍個嘴比較扁，自己玩，沒有太講究。」[4] 吳師傅認為沒有人見過真正的龍形，那只是一種感覺，所有龍形都是經寺廟、畫像流傳下來的中國傳統觀念。[5] 薄扶林村火龍會總監蕭昆崙先生提出，薄扶林村最早期的火龍紮作可能參考了內地火龍的形態或圖片，但當中也有一點原創的地方。[6] 薄扶林村房屋林立，巷道狹窄，火龍大小必須可供靈活出入之餘，又不失威嚴。吳師傅解釋：「火龍若太大便進不了村，要留意高度，因為村內的巷太狹窄；細小又顯得寒酸不起眼、不能插香，氣勢、形態不足亦不行。」[7] 上頁圖片的對比

3 薄扶林村火龍紮作師傅吳江乾先生訪問，2021 年 1 月 10 日。

4 〈兩代撐起薄扶林火龍〉，《東方新地》，2013 年 9 月 17 日。

5 謝瑞芳監製：「香港故事 —— 職外高人：龍的傳人」，香港電台製作，2016 年 11 月 12 日。

6 薄扶林村火龍會：〈薄扶林村火龍會紀錄片 —— 龍情 · 薄扶林〉，2022 年 1 月 5 日，載薄扶林村火龍會 YouTube 頻道：https://www.youtube.com/watch?v=Q3qRuQvAL7w（讀取日期：2022 年 6 月 13 日）。

7 〈火龍要發威全靠兩兄弟〉，《都市日報》，2016 年 11 月 11 日。

吳江乾師傅破竹示範二圖（由研究團隊拍攝於 2021 年）

照，以 1989 年復辦初期，與近十年內的薄扶林村中秋舞火龍照片作比較，可見薄扶林村火龍在這幾十年來不同的形態。

火龍紮作的工序與材料

火龍紮作的基本工序包括：（1）破竹、削竹；（2）製作支架；（3）鋪上禾草；（4）裝飾；以及（5）插香點睛。

（1）破竹、削竹

竹子是紮作火龍各部位支架的主要材料。吳師傅指村民昔日使用柴刀削竹，步驟繁複，成品易不均稱；如今已改用破竹器，用法是把破竹器平放在竹端之上，由上至下分割竹枝。破竹器的款式可分 4 至 24 開，而紮龍平均需要破 10 至 20 支竹。[8]

昔日村民就地取材，每年農曆七月，紛紛到薄扶林水塘上山斬竹，回來後把竹放在陰涼的地方晾乾（俗稱「陰乾」）。晾乾竹子需時至少 18 日，待竹身的水分慢慢蒸發（俗稱「收水」）、顏色變黃，才可用來紮龍。[9] 至於竹的種類，吳師傅指出油竹柔韌度甚佳，亦耐潮耐乾，可使火龍存放得更久。[10] 吳師傅回憶兒時曾經與同伴到薄扶林村附近的垃圾房，執拾竹掃帚來紮作火龍，導致他們經常被垃圾房的工人追趕。[11] 他坦言當時不諳竹紮學問，把竹斬回來後，有時相隔一兩天，甚至當日就立即用來紮龍，結果火龍在紮好幾小時後就完全鬆掉，使他一度懷疑有人碰過它，後來才明白這是由於竹會收水的緣故，需待竹枝陰乾後才能使用。他提醒竹子可以陰乾但不可以暴曬，因為竹經暴曬會爆裂。[12] 近年，村民已改為從內地購買現成、經防腐處理的竹枝，以節省紮龍時間。[13]

（2）支架製作

火龍支架分龍頭、龍身和龍尾三部分。

8 薄扶林村火龍紮作師傅吳江乾先生訪問，2021 年 1 月 10 日。

9 〈兩代撐起薄扶林火龍〉，《東方新地》，2013 年 9 月 17 日；薄扶林村火龍紮作師傅吳江乾先生訪問，2021 年 1 月 10 日。

10 薄扶林村火龍紮作師傅吳江乾先生訪問，2021 年 9 月 12、13 和 16 日。

11 薄扶林村火龍紮作師傅吳江乾先生訪問，2021 年 1 月 10 日。

12 同上。

13 同上。

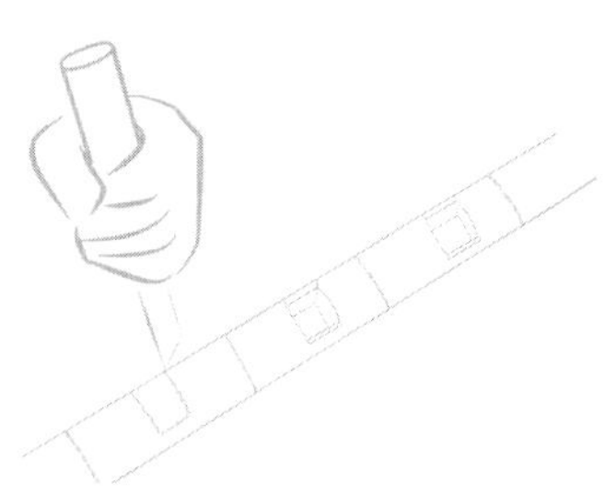

龍頭

龍頭支架主要由三支縱向竹竿和三支橫向短竹竿組成：中間縱向的長竹竿為手握位置，先以鑿刀鑿開三口（見龍頭支架製作圖一），然後把三支橫向短竹竿嵌入長竹竿的缺口處，再利用交疊的鐵線，以「X」形方式綁在竹枝的交匯處，固定六枝竹竿（見龍頭支架製作圖二及圖三）。[14]

固定後，龍頭支架應呈「甲」字狀，左右兩邊的竹竿會高於中間手握的長竹竿，充作龍角。吳師傅分享，紮龍頭的秘訣就在於這「甲」字底要做得整齊，尺寸恰當。[15]

龍的五官由具弧度的竹條塑造而成：師傅會先用火槍略烤竹條，透過火的熱力軟化竹條，繼而塑形，此工序稱為煣（見龍頭支架製作圖四）。竹條被煣成「U」形的兩根竹條為龍嘴，固定在左右和中下四支竹竿上，呈龍張嘴的形態（見龍頭支架製作圖五）。[16]

龍耳由被煣出弧度的兩長兩短，共四根竹條組成。先把兩根長竹條，分別固定在左右和上下四支竹竿上，再把兩根短竹條，分別固定在兩根長竹條之內，使其成彎月狀（見龍頭支架製作圖六及圖七）。[17] 龍眼和鼻則是分別由兩個竹圈組成。[18]

14 薄扶林村火龍紮作師傅吳江乾先生訪問，2021 年 9 月 12、13 和 16 日。
15 同上。
16 同上。
17 同上。
18 同上。

龍頭支架製作一
（由非物質文化遺產辦事處提供，
整輯相片攝於 2017 年。）

龍頭支架製作二
（由非物質文化遺產辦事處提供）

龍頭支架製作三
（由非物質文化遺產辦事處提供）

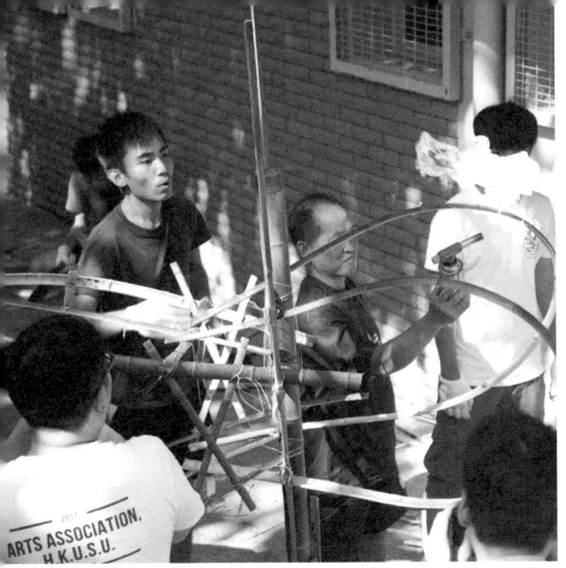

龍頭支架製作四
（由非物質文化遺產辦事處提供）

龍頭支架製作五（由非物質文化遺產辦事處提供）

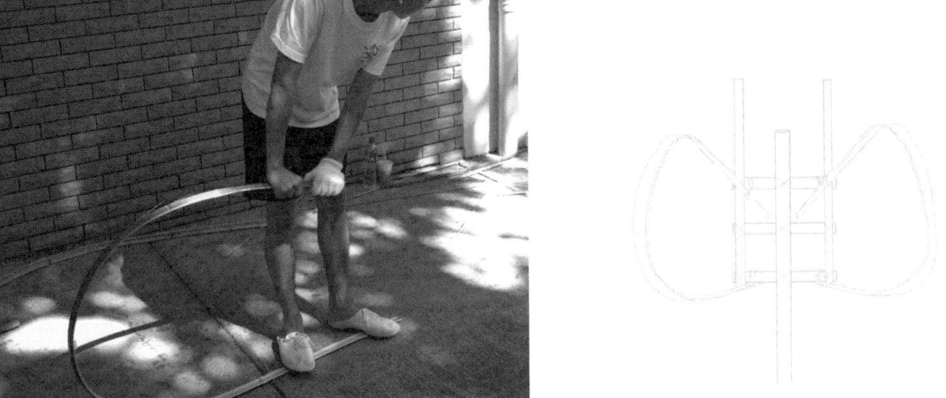

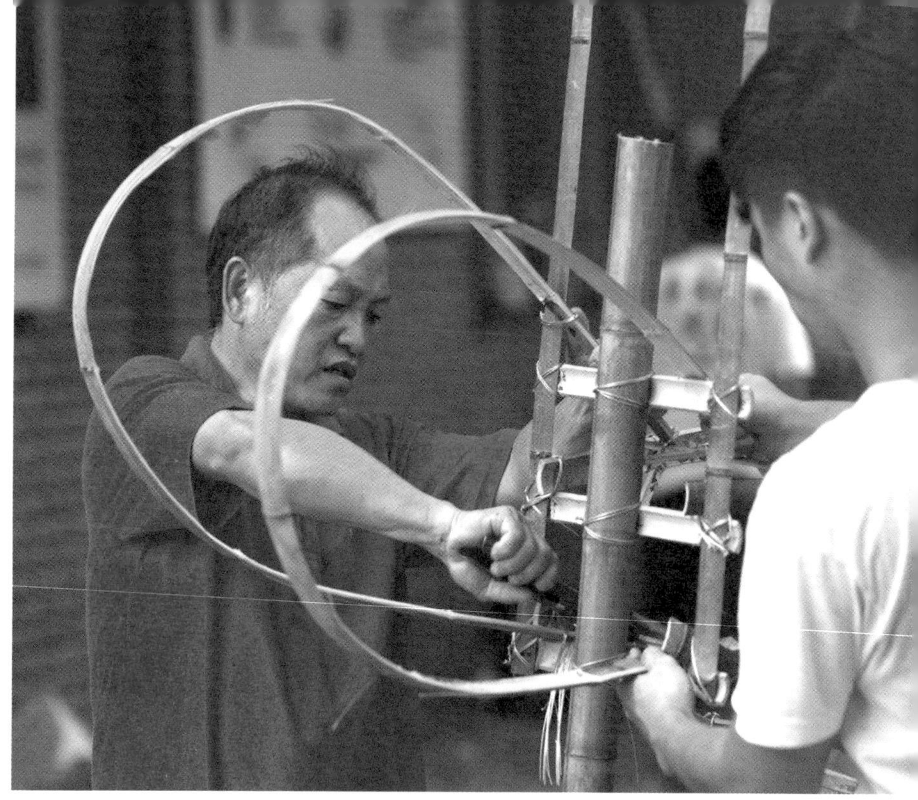

龍頭支架製作六（由非物質文化遺產辦事處提供）

龍頭支架製作七
（由非物質文化遺產辦事處提供）

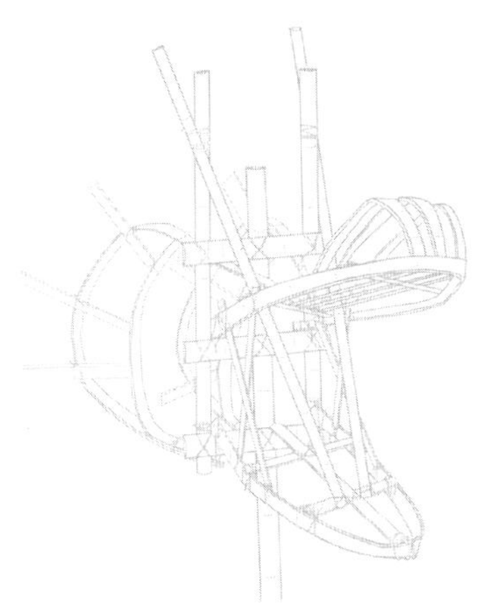

龍身

龍身支架由多組「T」字型的竹架組成：「T」字型的竹架可分為橫短竹條和縱長竹竿兩部分。先在縱長竹竿近頂端位置用鑿刀開洞，預留空間讓粗麻繩穿過。完成這步驟後，把竹竿直插在四腳鐵架中，按兩邊洞口的方向，用鐵線穿過竹竿洞口，把竹條綁在竹竿頂端。接着以粗麻繩穿過各組竹架的洞口，調節適當長度後，則可把粗麻繩固定在竹條上。[19]

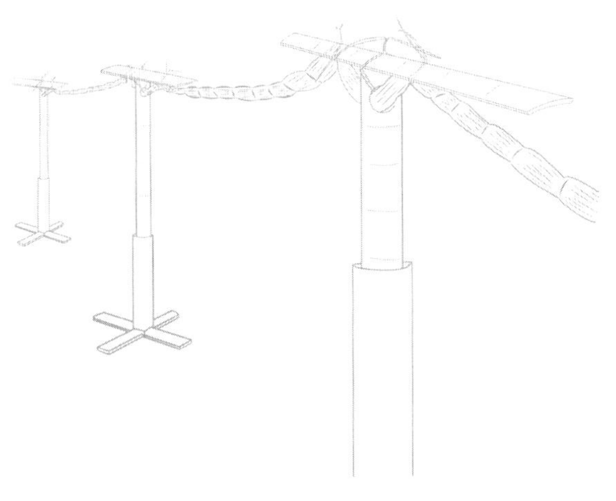

19 同上。

龍身支架製作一（由非物質文化遺產辦事處提供）

龍身支架製作二（由非物質文化遺產辦事處提供）

龍身支架製作三（由非物質文化遺產辦事處提供）

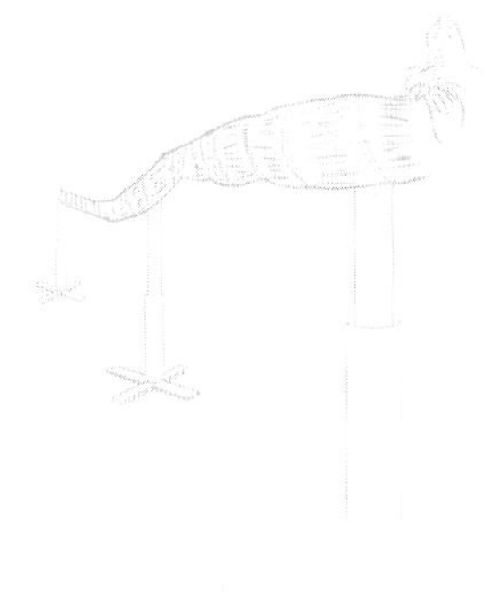

龍尾

龍尾支架是用鐵線把竹枝綁為扇形而成的，為舞火龍當日鋪上葵葉作好準備。

（3）鋪上禾草

村民把禾草鋪上火龍支架（龍頭、龍身、龍尾），再以鐵線把禾草結實地捆在粗繩上。[20]

上世紀八十年代以前，紮龍用的禾草主要來自鄰近的牛奶公司薄扶林牧場。自 1886 年薄扶林牧場設立以來，牛奶公司長期實行割草餵牛的做法，為此曾引入易於生長、屬禾本科植物的大黍（Guinea-grass，又譯畿內亞草）作為飼料。[21] 早年牛奶公司又向港府申請租用薄扶林村附近的土地，大規模地種植牧草。如 1900 年，牛奶公司獲批一幅位於薄扶林村之上，面積達兩英畝的土地作種植牧草用途，這幅土地原為一片樹林，當時港府負責管理及保護本地自然林木的植物及林務部不單沒有反對，甚至協助牧場清除樹林。[22] 及 1936 年，薄扶林牧場的大黍年產量達每英畝 40 噸，也開始引入來自荷屬東印度首都巴達維亞（Batavia）、同屬禾本科植物的的象草（Elephant grass）。[23]

20 薄扶林村火龍紮作師傅吳江乾先生訪問，2021 年 1 月 10 日。

21 Gan, Bee Lay. "*Dairy Farming in the Colony of Hong Kong*", Unpublished dissertation, University of Hong Kong Library, 1955, p. 3.

22 HKRS 58-1-16-60 C.S.O. Files in the Land Office - Crown Land Above the Pokfulam Village - Application from Dairy Farm Co. for Permission to Lease- (I.L. 1630), 11.10.1900-18.11.1900.

23 "Visit to the Dairy Farm at Pokfulam", *South China Morning Post*, 2 April, 1936.

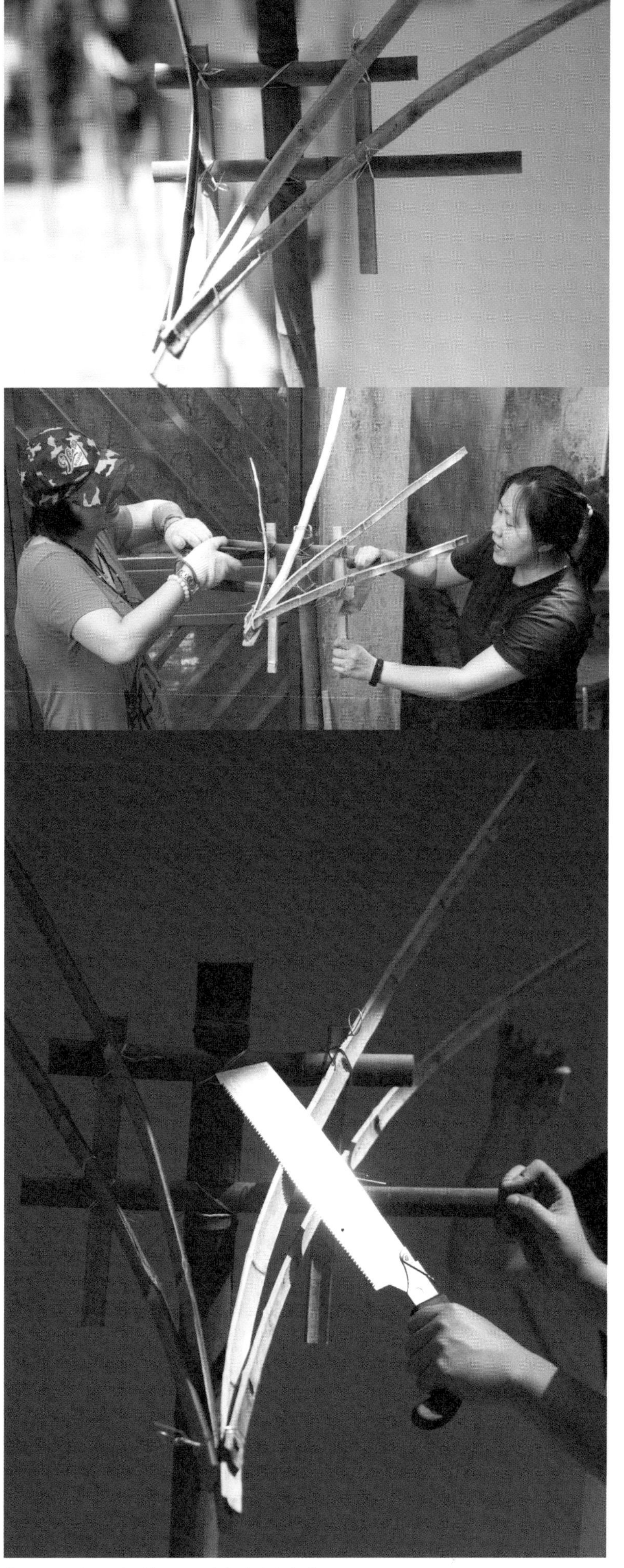

龍尾支架（由非物質文化遺產辦事處提供）

鋪禾一（由非物質文化遺產辦事處提供）

鋪禾二（由非物質文化遺產辦事處提供）

鋪禾三（由非物質文化遺產辦事處提供）

吳師傅小時候曾跟同伴趁夜到牛奶公司的牛房偷取少量禾草紮龍，後來牛房工人得知他們的目的，便給他們直接取用。[24] 根據吳師傅的分享：「禾草為昔日村民生活的必需品，冬暖夏涼，可用作織繩、紮食物、墊底防震。」[25] 牛奶公司薄扶林牧場在 1983 年關閉後，村民改從內地購入禾草。2015 年，薄扶林村火龍會與塱原的農民合作，採用在上水塱原濕地禾田收回來的禾草紮龍。[26] 吳師傅指出，紮一大兩小火龍需要大概 40 包禾草，存放環境必須保持乾爽，以免滋生昆蟲。[27]

（4）裝飾

龍鬚、龍尾、龍角

龍鬚的材料是榕樹根。吳師傅解釋老一輩村民認為榕樹根可以辟邪，同時因榕樹根生長速度快，故具有生生不息的寓意。他記得年少紮龍時，曾用麻包繩代替榕樹根作龍鬚。[28]

村民把榕樹根斬回來後會先浸水，不可待它乾枯。吳師傅指出凡有水份的東西如榕樹根、葵葉、碌柚葉，收水後都會很難看，所以都要在舞火龍當日起龍前的幾個小時內才紮上去。

24 薄扶林村火龍紮作師傅吳江乾先生訪問，2021 年 1 月 10 日。

25 〈老香港民間智慧〉，*Apple Daily*，2018 年 9 月 24 日。

26 「2015 年薄扶林村火龍盛會致辭（概要）」，見 Facebook 專頁「Pokfulam Village 薄扶林村」，2015 年 9 月 28 日：https://www.facebook.com/PokfulamVillage.org/photos/a.644822698911992/960297960697796/（讀取日期：2022 年 6 月 13 日）。

27 〈老香港民間智慧〉，*Apple Daily*，2018 年 9 月 24 日。

28 薄扶林村火龍紮作師傅吳江乾先生訪問，2021 年 1 月 10 日。

2022 年薄扶林村火龍龍尾
（由研究團隊於 2022 年拍攝）

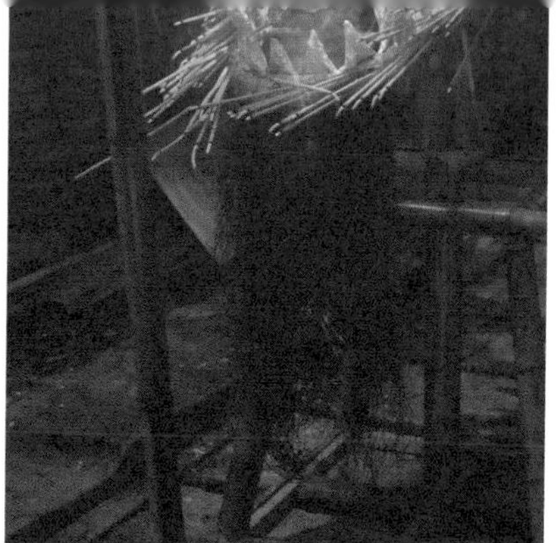
2022 年薄扶林村火龍龍鬚
（由研究團隊於 2022 年拍攝）

葵葉是鋪上龍尾的物料，有遮風擋雨的意思；碌柚葉則是放在龍角上的材料，作用是「沖走衰氣」（即洗去霉運），而且在洗神枱時也會用到。[29]

龍珠

龍珠有引領火龍的作用，做法是把一個「沙田柚」插在一枝竹竿上，然後在柚上插滿香枝。由於「沙田柚」也是高水份的材料，所以村民都會在舞火龍活動當日才製作龍珠。[30]

（5）插香、點睛

插香

舞火龍活動前夕，村民會把燃點的香枝插在火龍龍頭、龍身之上。

吳師傅指出昔日薄扶林村火龍的龍身上插有大香、細香，寓意擁有光榮和富貴。他認為細香容易燃燒，但插在龍身上的密度高，當火龍舞至薄扶林村的橫街窄巷，其「鱗片」粗幼不一，更具觀賞價值。他補充，在上世紀七十年代以前，插在火龍上的香枝都是由一間紙紮舖所捐贈，過去的說法為「簽香油」。[31]

29 同上。
30 薄扶林村火龍紮作師傅吳江乾先生訪問，2021 年 1 月 10 日、9 月 12、13 和 16 日。
31 薄扶林村火龍紮作師傅吳江乾先生訪問，2021 年 1 月 10 日。

龍珠（由非物質文化遺產辦事處提供）

薄扶林村火龍會允許參與者在火龍身上插滿香枝，大力鼓勵村民積極參與，故工作人員及委員不會干預村民如何插香。在2015 年的火龍會會議上，火龍會總監蕭昆崙先生向一眾委員分享他對火龍活動期間讓參與者自由插香的看法：「曾經有一次，一位師傅很細心將插不好的香枝重新整理，這樣做雖為火龍帶來極佳的視覺效果，卻會抹殺火龍活動『個人化』及『人性化』的一面。」他強調，安排義工把燃點好的香枝交予嘉賓及村民，目的是讓他們可隨心隨意把香枝插於火龍身上，表達個人的宗教情感，因為他曾目睹有些公公婆婆誠心祈禱後才把香枝插上。蕭氏認為，只要香枝插得妥當，不危及安全就行了，所以勸喻大會工作人員不宜干預，反倒要讓參與者有抒發個人宗教情感的空間。[32] 縱使插在火龍身上的香枝看來不太像樣，有時甚至顯得雜亂無章，但這一切不重要。蕭氏更在乎眾人一起參與活動的成果，而那條穿梭薄扶林村大街小巷的，應被視為一條饒富人情味的火龍。自此，在中秋火龍活動的晚上，火龍會的工作人員及義工會負責在旁燃點香枝及維持秩序，鼓勵村民積極參與插香活動。

點睛

點睛是火龍紮作的最後一個步驟，同時是舞火龍儀式的開端，象徵開天眼，昔日由村內德高望重的鄉親父老負責。吳師傅

32 薄扶林村火龍會總監蕭昆崙先生訪問，2021 年 3 月 20 日。

2020 年薄扶林村中秋舞火龍照片 —— 點睛儀式（由研究團隊拍攝）

1989 年薄扶林村中秋火龍照片
—— 村民插香的情況（由陳佩珍女士提供）

2020 年薄扶林村中秋火龍照片
—— 村民插香的情況（由研究團隊拍攝）

解釋一隻靈獸一定要點睛，以及「簪花掛紅」，即為火龍別上金花（呈三角形狀，多配有孔雀毛的裝飾）和掛上神紅（紅布花中間有一金球，並墜着兩條紅布帶）來開光，給予靈光和靈氣，簪花代表着靈氣，掛紅代表着靈光。[33]

33　薄扶林村火龍紮作師傅吳江乾先生訪問，2021 年 1 月 10 日。

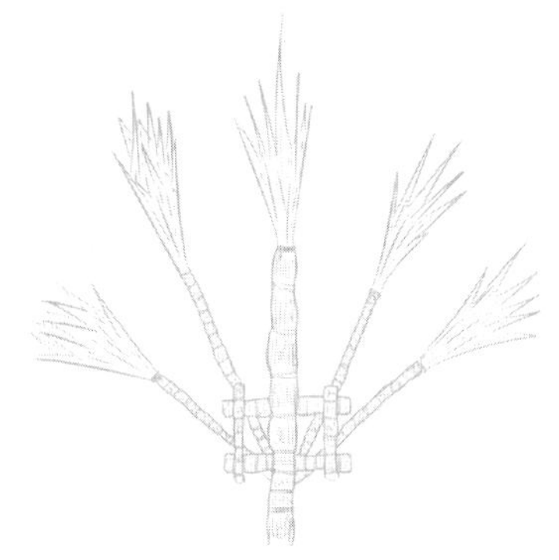

第二節
記錄儀式：中秋舞火龍

在上世紀六七十年代，薄扶林村中秋舞火龍活動百花齊放。吳師傅稱當時中秋舞火龍沒有特定路線，並形容活動亂中有序，可供村民自由發揮。[34]

時至今日，由當地村民所組成的薄扶林村火龍會（下稱「火龍會」）是中秋舞火龍活動的主辦組織，負責設計火龍巡遊路線，安排人手參與活動。本節主要根據 2017－2018 年才大抵確立的活動程序，闡述火龍會籌辦火龍活動的過程及當天活動儀式的日程，並嘗試解釋其背後的意義。

籌辦過程

每年端午節後，火龍會便開始策劃應屆的火龍活動，例如與以往有什麼不同，會否加入新環節等。當擬定好計劃後，火龍會就着手尋找義工參與活動。中秋節前兩個月，火龍會總監蕭昆崙先生開始接洽相關政府部門（如警務處、民政事務處及聖約翰醫療輔助隊等），遞交舞龍許可的申請，召開火龍會會議。[35] 據吳江乾師傅分享，紮作一條火龍需時約兩日，一般在農曆八月初一

34　薄扶林村火龍紮作師傅吳江乾先生訪問，2021 年 1 月 10 日。

35　薄扶林村火龍會總監蕭昆崙先生訪問，2021 年 3 月 20 日。

2011 年，村民舞動點睛後的火龍龍頭，向設於薄扶林村村口的神壇參拜，為當年火龍盛會揭開序幕（由陳子安先生提供）

開始進行，而材料則早在此之前的一至兩星期購買，費用由村民而非火龍會支出。[36]

舞火龍儀式過程的解說

自 2017 年開始，火龍會在火龍活動前一天（農曆八月十四日），於薄扶林村村口告示板上張貼活動時間表，目的是協助警方維持秩序，同時也讓其他參觀者可以按時捕捉火龍蹤影。

36　薄扶林村火龍紮作師傅吳江乾先生訪問，2021 年 1 月 10 日。

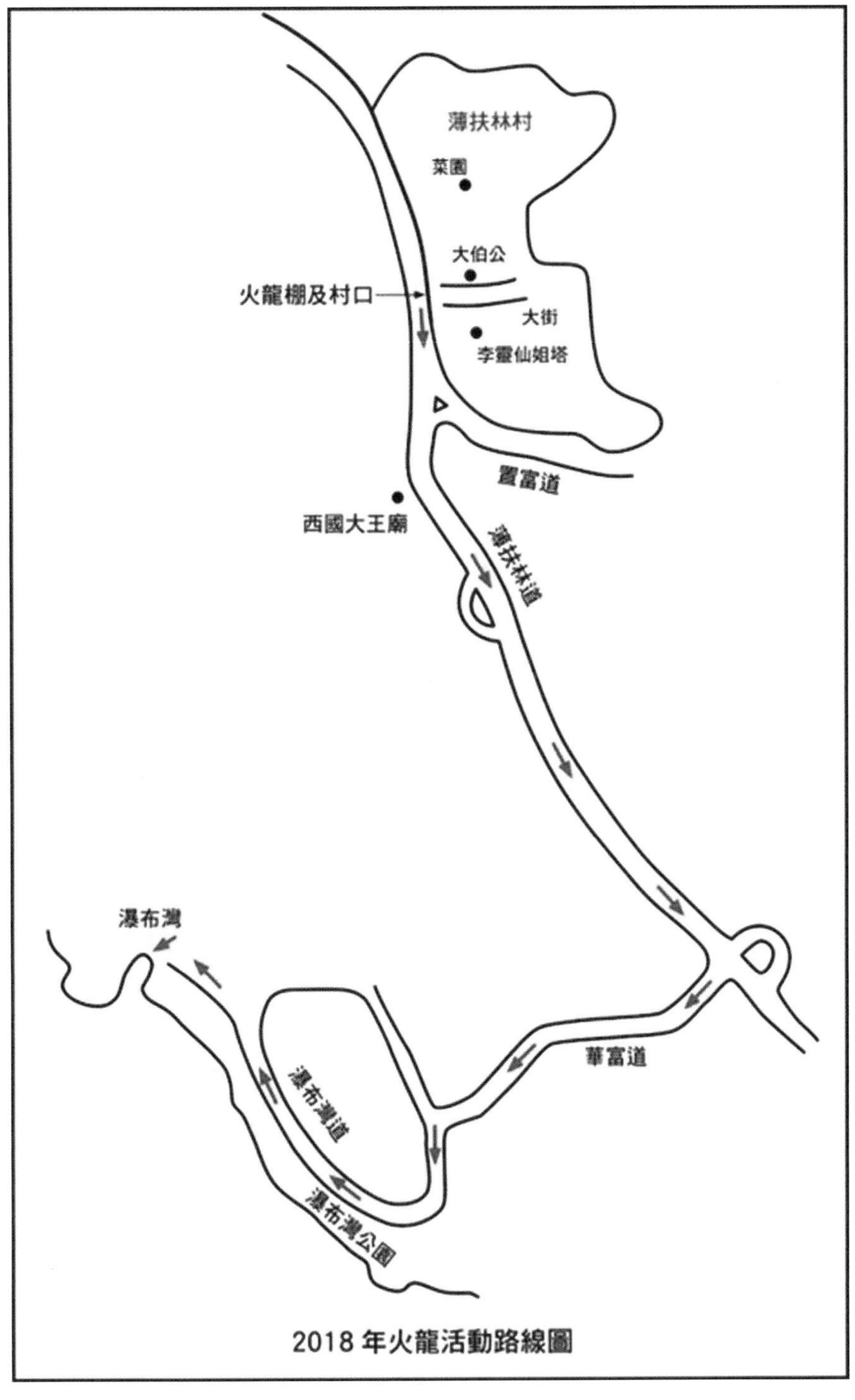

2018 年火龍活動路線圖

2018 年中秋節舞火龍詳細路線及時間安排[37]

18:30	於薄扶林村村口舉行拜祭儀式。
18:45	嘉賓進行點睛儀式。
19:00	火龍起動，於薄扶林村南行巴士站對出兩條行車線作蟠龍舞動。
19:15	火龍入村參拜李靈仙姐塔，後橫過置富道，經置富道天橋繞落薄扶林道南行至西國大王廟進行參拜。
19:45	沿薄扶林道西行往置富道天橋後橫過置富道，返回村口進行替換香枝工序。
20:00	於村口停留作香枝替換。
20:15	火龍入村參拜伯公壇及村民——大街——圍仔——龍仔督——菜園。
21:25	於村口停留作香枝替換，準備進入菜園。
21:45	由薄扶林村以北菜園返回村口作補給香枝。
22:00	火龍起動，於薄扶林村南行巴士站對出兩條行車線作蟠龍舞動。
22:15	開始徒步由薄扶林道往南行往華富邨方向，橫過薄扶林道（行人過路線）薄扶林道——華富道。
22:45	到達華富道華樂樓對出約 40 米小巴站位作香枝替換。
23:10	於華樂樓對出行車線作蟠龍舞動。
23:20	繼續沿華富道往南行瀑布灣道至瀑布灣公園——瀑布灣海灘。
23:35	到達瀑布灣海灘進行拜祭及進行龍歸滄海儀式。
24:00	禮成。（將龍軀搬回瀑布灣道由專車載走）

37 資料由薄扶林村火龍會提供；2018 年 9 月 24 日薄扶林村中秋舞火龍考察。

火龍參拜李靈仙姐（由非物質文化遺產辦事處提供）

中秋節當晚，火龍活動歷時 6 個小時以上，除了穿梭村內大街小巷，也遊走薄扶林道及通往華富邨及瀑布灣的大小幹道，直至 12 時前完成龍歸滄海儀式後才完滿落幕。

（1）點睛儀式

點睛儀式是舞火龍前一個非常重要的儀式，火龍會邀請一些政府官員及地方民意代表等出席儀式，是村民與政府各級官員接觸的重要場合。村民相信，透過點睛，火龍瞬間有了靈氣，是龍神降身的表徵，可以為他們驅瘟逐疫，為家家戶戶帶來福氣及平安。主持人在嘉賓齊集，準備用塗上硃砂的毛筆為火龍點睛之際，高聲朗讀：「火龍點睛、瑞氣長青、大吉大利、老少安平。」點睛儀式完畢後，主禮嘉賓為火龍簪花掛紅，這個儀式除了代表賦予火龍靈光靈氣外，也被指用來駕馭威猛的火龍，使其被舞動之際，不致傷害人畜。[38]

點睛儀式在薄扶林村口進行，村口即是圍仔大街在薄扶林道的出入位置。（見上頁 2018 火龍活動路線圖）

38　2018 年 9 月 24 日薄扶林村中秋舞火龍考察。

2019 年，火龍隊伍經置富道天橋繞落薄扶林道南行至西國大王廟參拜（由陳子安先生提供）

火龍參拜西國大王（由非物質文化遺產辦事處提供）

火龍入村（由非物質文化遺產辦事處提供）

火龍入村（由非物質文化遺產辦事處提供）

火龍巡遊華富邨（由非物質文化遺產辦事處提供）

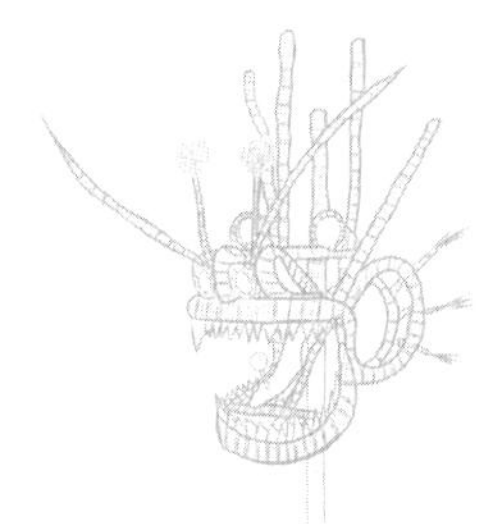

（2）火龍起動 第一次「蟠龍舞動」

整個火龍活動共有三次「蟠龍舞動」的環節（俗稱「打龍餅」）。對於「蟠龍舞動」，吳江南師傅理解為寓意世界和平及好運的祝福，因為當火龍開心的時候，就會舞動多一些，翻騰動作也會多一些。他提醒：「蟠龍的難度在於舞龍時，由龍頭至龍尾都要速度一致，走動一致，又要懂得隨機應變，否則就會出意外。」[39] 對蕭昆崙而言，「蟠龍舞動」絕不是一種表演動作，而是一種宗教儀式，為的是給村民祈福。當一眾嘉賓為火龍點睛完畢後，火龍隊伍就進行第一次的「蟠龍舞動」，這動作視為參拜村內眾神明及為村民祈福前的熱身運動。[40]

（3）火龍入村 參拜李靈仙姐

舞火龍除了為村民祈福之外，也會參拜與薄扶林村有關的神明。值得注意的是，參拜次序非隨意安排，而是有主次高低等級之分。從參拜次序所見，薄扶林村的主神當推李靈仙姐。[41] 李靈仙姐的信仰唯薄扶林村獨有，大部分村民視之為該村的守護神。火龍起動後首先參拜的就是祂，完全彰顯了李靈仙姐在村民心中具崇高及超然的地位。

39 薄扶林村街坊福利會：《薄扶林村中秋火龍百年慶典：紀念特刊》（香港：薄扶林村街坊福利會，2010 年），頁 14。

40 2018 年 9 月 24 日薄扶林村中秋舞火龍考察。

41 詳見第四章。

1963 年薄扶林航空照片顯示鋼線灣碼頭（紅圈位置）
資料來源：地政總署及香港地理數據站

（4）拜西國大王

在薄扶林村不遠處，有一條稱為「草寮」的村落，是昔日海陸豐人聚居之所。「草寮」有一所西國大王廟，內裏供奉着西國大王。[42] 中秋節當晚，火龍隊伍花約 30 至 40 分鐘時間，從薄扶林村巡行至「草寮」，向西國大王參拜後，才返回村口替換香枝。[43]

（5）火龍入村 拜大伯公壇 巡遊至龍仔督、菜園一帶

薄扶林村有不同大小的土地壇，代表了薄扶林村不同區域的守護神，其中村內歷史最悠久的是位於圍仔大街頭尾的兩座伯公壇。這些土地廟被視為村民的守護神，蕭昆崙甚至用「保安」來稱呼祂們，因此參拜祂們的次序是在李靈仙姐塔及西國大王廟之

42 詳見第四章。

43 2018 年 9 月 24 日薄扶林村中秋舞火龍考察。

綱線灣，1946-47 年。綱線灣曾經是舞火龍的終點
Hedda Morrison photograph collection, Harvard-Yenching Library

後。當火龍隊伍從西國大王廟返回村口換香，率先到圍仔大街向街頭街尾的伯公廟參拜，然後巡遊至龍仔督、菜園一帶，途經各家各戶時，也會稍為停留，向村民送上祝福。[44]

（6）第二次「蟠龍舞動」

火龍隊伍由薄扶林村以北菜園，返回村口補給香枝。其後再次起動，於薄扶林村南行巴士站對出兩條行車線進行第二次「蟠龍舞動」，義工趁火龍歇息之際上前替換香枝，這儀式象徵入村參拜及祈福順利完成。

（7）火龍巡遊至華富邨 第三次蟠龍舞動

火龍隊伍徒步前往華富邨，到達華富道華樂樓對出約 40 米的小巴站替換香枝，並於華樂樓對出行車線作第三次的「蟠龍舞動」，此寓意火龍剛剛做完很大的動作，需要歇息一會，義工又趁機替換龍身的香枝，之後向瀑布灣進發，進行「龍歸滄海」儀式。

（8）龍歸滄海

一直以來，薄扶林村村民堅持要把整條火龍沉沒水中作為火龍活動最後的一個儀式——龍歸滄海。儀式的意義於不同人有不同的理解，有些人認為這樣做寓意放生，有祈福的意思，另一

44 同上。

2016 年，火龍會工作人員在龍歸滄海儀式完結後，合力抬走火龍（由陳子安先生提供）

2017 年「龍歸滄海」儀式（由陳子安先生提供）

龍滄歸海（由非物質文化遺產辦事處提供）

些人認為是為了把不好的東西帶走。[45] 吳江乾師傅分享他少年時「送龍」的經歷：

問：以前送龍的地點在哪？

答：在碼頭，即是現在的貝沙灣，也是步行下去。

問：何時送龍？

答：我們以前好多時都是第二天早上先送，因為碼頭太遠了，年輕時舞完龍各人都太疲倦，有時就這樣把火龍掉落現在垃圾站對出的八號橋，草廠下那條坑都有，所以經常給「清潔工」「追殺」，因為將火龍掉下去會塞坑，要他撈回來。

問：所以以前都有送龍，只不過第二天才做？

答：很多時候會在第二天，不要單說當年年輕時非常疲累，送龍還有更慘的，小時候送龍的時候有朋友被水母螫傷，螫到頸面，我都試過被螫。

問：送龍有什麼儀式呢？是否放落海浸兩次就完成？

答：當然不是，我小時候有幾年曾經送龍出至浮台，遠過浮台都試過，以前好爽的，特登去送龍，順便去游水，在貝沙灣，之前幾年仍後生，這幾年我都沒有下水，現在不太好玩，一有環保之後，就不能送，一接觸水就不給我們做，以前我年年都下水，現在都不下水了，現在就說碰一碰水就完成。

問：以前你除了下水之外還會做什麼？帶條龍去游泳？

45　陳佩珍女士訪談，2021 年 5 月 26 日。彭麗芳：〈薄扶林村火龍活生生的文化〉，《明報》，2019 年 9 月 8 日。

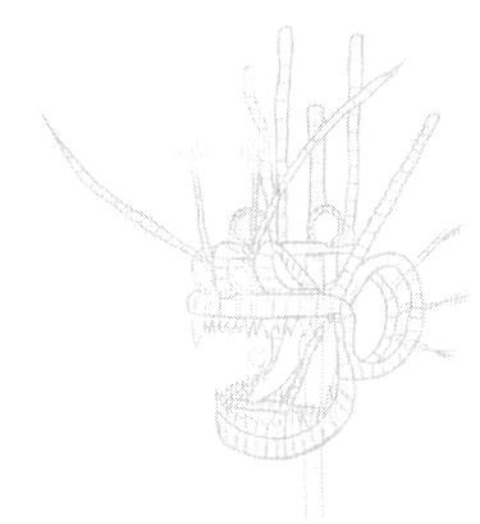

答：一路托着出去，推條龍出去，很遠很過癮，以前年輕時送龍，條龍是浮的，一路浮一路推出些，又一路推出些，現在這 10 年都可能沒有了，以前過幾個小時隻龍眼都識得亮燈。[46]

2020 年中秋節薄扶林舞火龍送龍儀式（由研究團隊於 2020 年拍攝）

46 薄扶林村火龍紮作師傅吳江乾先生訪問，2021 年 1 月 10 日。

2020 年中秋節火龍活動後，火龍被運送至薄扶林街坊福利會胡社生堂作永久展覽（由陳子安先生提供）

吳師傅雖稱當年舞火龍很疲累辛苦，但字裏行間卻非常回味往事，形容昔日龍歸滄海「很好玩」、「過癮」。昔日，村民在鋼線灣碼頭（即吳師傅所説的「貝沙灣」範圍內）進行儀式，後來政府發展數碼港，碼頭因填海工程而消失，村民因而改至瀑布灣送龍。[47]

2008 至 2009 年期間，政府有關部門以污染海水為由，禁止村民把火龍棄置附近水域。[48] 既然火龍不准回歸大海，村民唯有別闢蹊徑。2009 年，當火龍活動進入尾聲之際，他們會在村口，逐一把火龍身上的香枝拔走，然後舞回薄扶林村福利會的天台。村民先準備一桶附有柚葉的海水，當負責人祭拜日月後，便用柚葉把海水點灑在火龍上，示意火龍已被送下海。[49] 2010 年，南區區議會與街坊福利會合作舉辦百年火龍盛會，籌委會堅持在瀑布灣進行龍歸滄海的儀式，於是與相關部門斡旋，終獲准恢復儀式，但事後要把火龍打撈起來。從此以後，村民在舞火龍遊村之後，都會沿薄扶林道落華富邨，前往瀑布灣海邊把龍「送」進海中，直至午夜 12 時完成整個儀式。[50]

47 薄扶林村火龍紮作師傅吳江乾先生訪問，2020 年 10 月 28 日；2021 年 1 月 10 日。

48 另一説法是指管理華富邨的官員不批准薄扶林村的火龍經由該邨送龍出海，使這項送龍出海儀式取消。薄扶林村街坊福利會：《薄扶林村中秋火龍百年慶典：紀念特刊》，頁 11。

49 香港科技大學華南研究中心：〈香港非物質文化遺產普查研究表：舞火龍（薄扶林村）〉，頁 3。

50 彭麗芳：〈薄扶林村火龍活生生的文化〉，《明報》，2019 年 9 月 8 日。

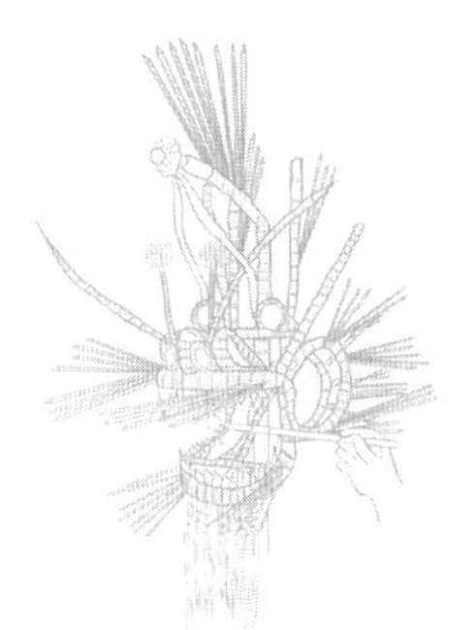

疫情下的「火龍儀式」

自 2020 年初，2019 冠狀病毒病疫情（下稱「新冠疫情」）肆虐全港，港府為公共衛生安全考慮，實施了各項保持社交距離措施，使香港不少節慶活動被迫停辦或調適，薄扶林村舞火龍也不例外。在 2020－2022 年新冠疫情持續期間，在配合政府社交距離措施的前提下，薄扶林村舞火龍活動的路線、儀式皆作出大幅調整，以下將扼要介紹。

2020 年 9 月 22 日，薄扶林村火龍會與街坊福利會聯名在村內告示板張貼一張告示，內容如下：

> 通告
>
> 中秋火龍乃本村百年傳統，更有袪疫佑民意義，本會為堅守這項重要承傳，決定繼續進行火龍活動，惟疫症尚仍，加上受制限聚令下，故活動將採取以下措施：
>
> 一、以最簡單模式進行。
>
> 二、不作任何對外宣傳。
>
> 三、不邀請嘉賓、政府官員出席。
>
> 四、只作遊村儀式不會進行逐戶參拜。
>
> 五、謝絕圍觀及追隨隊伍。
>
> 希望各村民瞭解及體諒於疫情下之制肘，故懇請各村民安康在家享受團圓之樂，以免人群眾多。本會各委員亦會在場勸喻，避免產生聚集情況！謹希各村民街坊通力合作！
>
> 祝各人中秋快樂！
>
> 薄扶林村火龍會
>
> 薄扶林村街坊福利會
>
> 2020 年 9 月 22 日

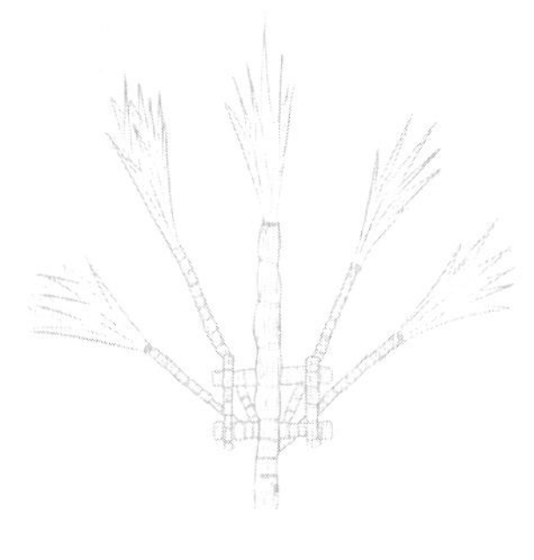

在這三年新冠疫情期間，薄扶林村舞火龍活動不再開放給公眾，只供薄扶林村火龍會成員及村民參與。火龍會在活動範圍設置「封鎖線」，禁止外人進入，直至儀式完成為止。如何分辨村民及外人？衣着相信是其中一項重要元素。2022 年中秋當晚，火龍會就安排所有在場參與者，包括參與舞火龍、旁觀的村民，甚至在場記錄的攝影記者和學者，都穿上白底紅字、印有「薄扶林村　二〇二二　香港非物質文化遺產　民政事務總署　贊助」字樣的 T 恤制服。[51]

因各項社交距離措施限制，火龍不得巡遊至薄扶林道，「火龍點睛」、「蟠龍舞動」儀式均改在李靈仙姐塔對出曠地進行，村民也無法舞火龍至西國大王廟參拜，以及到華富邨巡遊。火龍隊伍在 2020 年仍可「入村」，巡遊至圍仔、龍仔督及菜園，參拜李靈仙姐塔及村內各大小土地壇；及 2021－2022 年，火龍無法入村，只能向李靈仙姐塔參拜。[52]

至於稱為「龍歸滄海」的送龍儀式，火龍隊伍不能像往常般把火龍送到瀑布灣。在一次火龍會會議上，主持會議的蕭昆崙提出這個棘手的問題，幸好一位與會委員提議在置富路天橋下火龍壁畫旁進行送龍儀式，因那兒有一條流經薄扶林村後匯出大海的溪流，火龍會可在行人路上進行簡單儀式，象徵火龍已被送

51　2020 年 10 月 1 日、2021 年 9 月 21 日、2022 年 9 月 10 日薄扶林村中秋舞火龍實地考察。

52　同上；2020 年路線可參見：https://digital.lib.hkbu.edu.hk/history/firedragondance/route2020/（讀取日期：2022 年 6 月 13 日）

出海。2020 年中秋當晚，火龍活動將近尾聲之際，隊伍齊集火龍壁畫旁的行人路，蕭氏主持拜神儀式後，村民把火龍身上的香枝一一拔掉，集合香枝後一併用水熄滅，此舉象徵把火龍送入大海，事後龍軀被送至街坊福利會作永久展覽。2021 及 2022 年中秋，火龍隊伍在李靈仙姐塔對出曠地完成「火龍點睛」、參拜李靈仙姐以及「蟠龍舞動」的儀式後，也巡遊至火龍壁畫送龍，並供村民及遊人拍攝。[53] 2022 年，薄扶林村火龍會特意製作了一條 15 米長的火龍，自中秋至國慶起於海洋公園香港老大街展示。[54]

2020 年活動後的火龍龍頭（由陳子安先生提供）

53 2020 年 10 月 1 日、2021 年 9 月 21 日、2022 年 9 月 10 日薄扶林村中秋舞火龍考察。

54 〈薄扶林村中秋火龍移到海洋公園　延續百年歷史〉，《大公報》，2022 年 9 月 10 日。

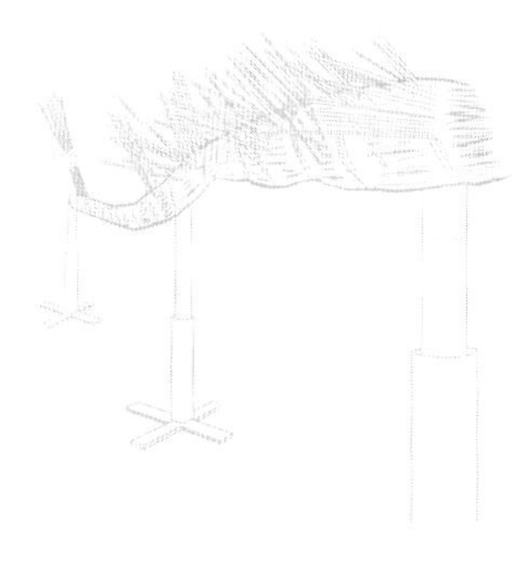

第三節
舞火龍活動的傳承人與傳承狀況

火龍紮作的傳承人 —— 吳江乾先生

吳江乾先生是薄扶林村的火龍紮作師傅，年近 60 歲。他童年時隨父親遷入薄扶林村居住，自稱為「薄扶林土生土長的土著」[55]。吳師傅父親在五十年代從中國大陸來港，在朋友協助下遷到薄扶林村落地生根[56]，並在圍仔大街旁售賣雞隻和豬肉，養活一家，所以有部分村民習慣稱呼少年時代的吳江乾師傅為「豬肉仔」[57]。吳師傅就讀聖華小學，他憶述當時一班約有 45 位同學，逾八成來自薄扶林村，其餘則來自華富邨、鋼線灣、草寮和香港仔，放學後一群男生多結隊到學校附近的球場踢足球。[58] 及中秋節臨近，他也會跟這群球場夥伴一起紮龍舞龍。[59] 年青時代的吳師傅曾短暫到村外覓生計，輾轉下他還是回到薄扶林村內街市經營魚檔，至今已近三十餘年，每天清晨會到香港仔魚類批發市場

55 薄扶林村火龍紮作師傅吳江乾先生訪問，2021 年 1 月 10 日。

56 明愛社區發展服務：《薄扶林村 —— 太平山下的歷史聚落》（香港：三聯書店，2012 年），頁 195；薄扶林村火龍紮作師傅吳江乾先生訪問，2020 年 10 月 28 日。

57 明愛社區發展服務：《薄扶林村 —— 太平山下的歷史聚落》，頁 195-196。

58 同上，頁 198。

59 薄扶林村火龍紮作師傅吳江乾先生訪問，2020 年 10 月 28 日。

2021 年吳江乾師傅（左）與葉志偉師傅（右）與兩人共同創作的薄扶林村火龍牌合照（由研究團隊於 2021 年拍攝）

買魚，村民都稱他為「朱老闆」。[60] 他在 2010 年成立「吳江乾竹藝工作室」，於圍仔大街的村口搭建火龍棚，向村民及來訪者傳授竹紮技藝，近幾年他已退休並在自家園地過着寧靜的生活。

吳師傅稱，薄扶林村有一位綽號「豆皮振」、「振叔」的竹紮師傅自上世紀五十年代開始紮火龍。[61] 根據吳江乾兄長吳江南師傅稱，昔日薄扶林村業餘遊樂社的村民曾以港幣 50 元聘請「豆皮振」紮火龍。[62] 吳江乾師傅本人從未曾見過振叔紮龍，但年輕時曾見過葉志偉師傅紮龍。他指在那個時代，除了兩位老師傅，還有很多人都懂得紮龍，但由於當年沒有什麼訪問，所以也沒有所謂「出名」的師傅，「人人都懂得紮，最重要是願意去紮」[63]。

60 明愛社區發展服務：《薄扶林村 —— 太平山下的歷史聚落》，頁 195；薄扶林村火龍紮作師傅吳江乾先生訪問，2020 年 10 月 28 日及 2021 年 1 月 10 日。

61 薄扶林村火龍紮作師傅吳江乾先生訪問，2021 年 1 月 10 日。

62 明愛社區發展服務：《薄扶林村：太平山下的歷史聚落》，頁 107。

63 薄扶林村火龍紮作師傅吳江乾先生訪問，2021 年 1 月 10 日。

火龍牌再現 —— 兩代火龍紮作師傅的合作

年約 70 歲的葉志偉先生是上一代薄扶林村火龍紮作師傅，他正從事建築行業，在地盤任泥水砌磚師傅。[64] 2020 年 11 月初，吳師傅與葉師傅合作，決定重現失傳已久的火龍牌，與村民在傳統基礎上集體創作「現代創作版龍牌」[65]。

葉師傅指出，火龍牌的作用是為火龍引路，告訴村民火龍來臨。曾經紮作過火龍牌的他估計，火龍牌至今已失傳四五十年。葉師傅認為這次合作甚具傳承意義，希望把這火龍牌留給後輩，加以紀錄：「我們年紀已大，若然我不再做，(紮火龍牌這門技藝）就會失傳。」「現代創作版」的火龍牌最終在 2021 年 1 月在饒宗頤文化館展出。他指出以前的技術十分普通，例如以往火龍牌內裏沒有那麼多支架，他們則多加了支架，使火龍牌更加結實。就火龍牌今昔轉變，葉師傅認為過去紮火龍牌所用到的玻璃紙較為漂亮，惟現時已經沒有那種玻璃紙，但他已經想像不到具體的分別。火龍牌上有「合境平安」的字詞，以往是手寫的，由村中一位叫「趙叔」的賣報人負責，可惜他已不在世。相比起紮火龍，葉師傅認為紮火龍牌更困難，因為火龍牌的尺寸較需要嚴謹，全部都要一致，

64 簡仲宜導演：「重現及傳承薄扶林村火龍牌 Pokfulam Village Fire Dragon Sign」（香港：Valkan Productions，2020 年 12 月），載【拾圍安歌】龍躍頭圍村新娘的末代哭嫁聲 YouTube 頻道，2021 年 2 月 24 日：https://www.youtube.com/watch?v=dMFBbXKqj7k&t=50s（讀取日期：2022 年 6 月 13 日）。

65 「吳江乾竹藝工作室」Facebook 貼文，2020 年 11 月 8 日：https://www.facebook.com/NgKongKinBambooArtStudio/posts/pfbid025YLXfEkkqrxHq8teEJsnbgtLFNTHbdd7NHghDqhLTJ2w8BLFBQrvu8QSZbTD1UZKl（讀取日期：2022 年 6 月 13 日）。

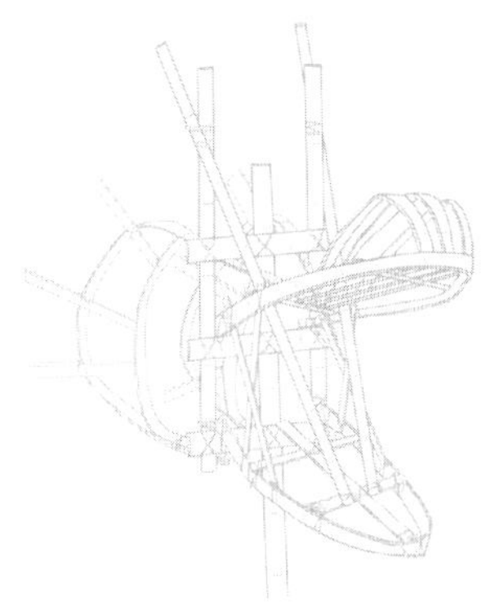

其他具體分別不大。葉師傅續指，紮火龍牌最重要是個骨架，骨架完成後，表面就很易處理。葉師傅認為舞火龍文化應該承傳下去，故希望火龍牌再現，能為薄扶林村舞火龍增添色彩。[66]

「盛名不變質，創新不忘本」

吳師傅相信「盛名不變質，創新不忘本」，以此理念於 2010 年成立「吳江乾竹藝工作室」。吳師傅自此公開開班授徒，並每年向村民及外界招攬人手，訓練出一班村民和村外人紮龍。他相信舞火龍活動可以一代傳一代，不只是口述歷史，變成了博物館藏品 —— 而是人傳人，人們親身投入，體驗紮龍舞龍的過程，感受這種文化本身。「人是本，有感情才能去維繫，一直流傳下去，只是口講是沒有用的，還要懂得製造。」吳師傅指出，每年到中秋紮火龍時，參與的村民和來自村外的義工顯得十分開心，好像去參加嘉年華般，樂意把火龍文化分享至其他社區，這才算是真正的成功。「每年指定動作，捉小朋友來學，好像開派對一樣。」他坦言，開始時很怕教年紀小的人，後來發覺愈教愈開心，年紀愈小的學員愈好教，因為他們很單純，不會想太多，不會玩手機，過程中與家長一起學習便會很開心。吳師傅又提到，他曾經有位患上過度活躍症的學員，於是給該學員多些工夫做，後來這名學員投入後，做事時都會説「師傅前、師傅後」，好像引導了這名學員，讓師傅有些滿足感。[67]

66 葉志偉先生訪問，2021 年 1 月 16 日。

67 〈兒子棄打機學紮龍　師傅冀紮作文化傳承〉，《東方日報》，2017 年 10 月 3 日。

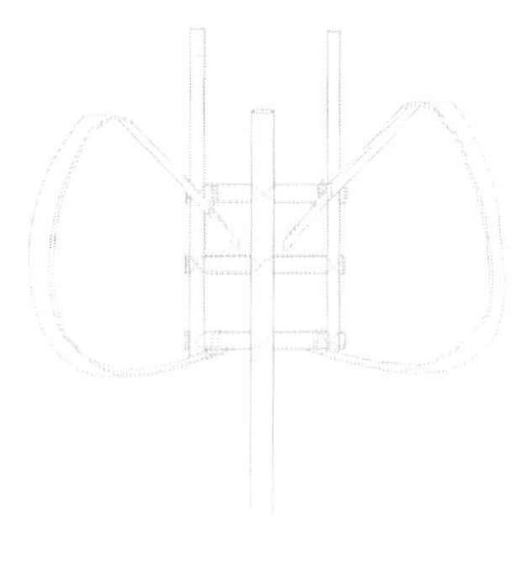

吳師傅從每年火龍紮作的經驗中學習，過去的失敗和成功都成為了他紮作火龍技藝的師傅。[68]「每一年，説是經驗，其實是因為經常出錯，今年這裏出錯，明年就別再出錯了，每年日積月累，都是經過淚水和汗水所得。」[69]

至於火龍紮作的傳承問題，吳師傅認為隨緣便可，一來這行業收入有限，二來他相信文化自有其生命力，有人覺得項目有保留價值時，它自然會有人承傳下去，否則會被自然淘汰，這些事情由不得他擔心，刻意保留也沒有意義。[70] 舞火龍有其價值才可以維持這麼久，吳師傅深感信念：「你可以與舊朋友重聚，又可以當作參與嘉年華，帶子孫一年一度歸來薄扶林村探訪，否則人們一早就不玩了，就是這些東西值得保留，其他沒有什麼，這種情懷是錢都買不到的。」[71] 儘管宣稱隨緣，但其實他對舞火龍的傳承是頗有信心的，簡單數語勾勒出文化傳承的重點：「我們的文化值錢的原因是活生生，最重要的價值是人傳人。」[72] 不過，吳師傅也承認，找到有恆心學習火龍紮作的人士不容易，在他教授過的幾千人之中，目前只有一兩人較為認真學習，並且打算將此技藝傳承下去。[73]

68 〈兩代撐起薄扶林火龍〉，《東方新地》，2013 年 9 月 17 日。

69 「絕世港佬第 3 集 ——火龍紮作師傅以竹會友」，無綫電視製作，2019 年 10 月 5 日。

70 薄扶林村火龍紮作師傅吳江乾先生訪問，2021 年 1 月 10 日。

71 同上。

72 〈街知巷聞：薄扶林村火龍 活生生的文化〉，《明報》，2019 年 9 月 8 日。

73 薄扶林村火龍紮作師傅吳江乾先生訪問，2021 年 1 月 10 日。

「以前女界是不可觸碰龍，現在男男女女都可以（在龍身）插香。」[74] 近年，火龍紮作不再是男性的專利，有趣的是，吳師傅現時所教授的學生就以女生為主。吳師傅指，以前村內男女各有各玩，但他認為當時的女生其實也很想紮龍，只是她們覺得這是男孩的遊戲，所以沒有參與。[75]

近年，火龍會積極推動年輕村民以及村外人參與紮龍的工作。火龍會總監蕭昆崙先生指他剛開始打理火龍活動時，村民在紮龍方面其實是比較被動的，只有吳師傅堅持年年紮，變相倚賴了他。但蕭先生知道，其實村內他們這個年紀的人，十個有九個也懂得紮龍，他相信火龍紮作是一項大家一起幫手去參與的活動。[76]

兩代傳承

吳師傅長子吳嘉豪自小在旁看着父親紮龍，他的師傅自然是父親，他記得自己 8、9 歲時已經幫忙紮龍，但正式自己紮作則要到 17、18 歲左右，印象中他自 2008 年起便參與薄扶林村的火龍活動，主要工作為紮龍。他認為火龍紮作在幾年前所面對的挑戰就是不夠人手紮作，但近幾年多了很多人來跟他的父親學習，最大的挑戰都已經被解決了。在他的觀察中，薄扶林村火龍外型

74 〈兩代撐起薄扶林火龍〉，《東方新地》，2013 年 9 月 17 日。

75 薄扶林村火龍紮作師傅吳江乾先生訪問，2021 年 1 月 10 日。

76 薄扶林村火龍會總監蕭昆崙先生訪問，2021 年 3 月 4 日。

由 2009 年開始有變化，其中 2013 年的變化較為明顯，如使用了 LED 燈製作火龍五官，其後每年都有些不同，但材料都是禾草與竹，沒有太大變化。[77] 嘉豪在 14 歲接受傳媒訪問時曾說過，長時期處理禾草會令他皮膚敏感，像被蚊蟲咬般痕癢，還經常被竹弄到渾身是傷，一邊用火燂竹，一邊把竹屈至所需弧度，要很用力。[78] 如今他接受研究團隊訪問時稱，紮作過程一定會有損傷，如遭鐵線割傷手、手部「起枕」（長繭）、上禾草時會出現鼻敏感的症狀等。即使如此，當火龍紮成，他會感到很有成功感，一切彷彿都值得了。[79] 每逢中秋，他就會把所有邀約推掉，陪家人在村裏過節，那幾年已擔任舞火龍活動的鼓手。[80] 他認為火龍可增添一些變化，但不可以失去重心。[81] 嘉豪還説，不想無人繼承父親的心願，故放棄玩電子遊戲，課餘時間紮龍：「（一切）都是值得的，希望等到舞火龍那一刻，可以舞龍珠，做領袖。」這便是代代相傳的信念了。[82]

吳師傅於 2021 年宣佈正式退居幕後，擔任顧問，他把是年中秋火龍紮作的重任交由年輕一輩、人稱「三師兄弟」的村民顏鋑彥、袁家俊和楊香灝負責，他們三人合力紮出 2021 年的火

77 吳嘉豪訪問，2021 年 12 月 28 日。
78 〈兩代撐起薄扶林火龍〉，《東方新地》，2013 年 9 月 17 日。
79 吳嘉豪訪問，2021 年 12 月 28 日。
80 〈兩代撐起薄扶林火龍〉，《東方新地》，2013 年 9 月 17 日。
81 「香港故事－職外高人：龍的傳人」，香港電台製作，2016 年 11 月 12 日。
82 〈兒子棄打機學紮龍　師傅冀紮作文化傳承〉，《東方日報》，2017 年 10 月 3 日。

龍。[83] 年約 16 歲的袁家俊和 15 歲的顏鋑彥自中一、二起開始跟吳師傅學習紮火龍，兩人自小看着舞龍長大，袁家俊覺得舞龍是很威武的事情，好像很少人可以做到，又好像很好玩，所以他就開展嘗試製作火龍；顏鋑彥則認為舞龍予人感覺帥氣，故小時候想過參與火龍活動，至 2017 年暑假得袁家俊邀請，一同參與火龍活動。他們認為現在火龍紮作的挑戰是沒有一個很準確的尺寸依從，引致龍頭在未上禾桿草之前紮得太大，故要把龍頭拆開，重新紮作。至於傳統與創新之間，兩人均認為現時的火龍紮作無須太大變化，反而要保留傳統的材料去製作。[84]

地域傳播

傳承不單關於後繼者，也關乎地域上的傳播。自 2013 年起，吳師傅兄長吳江南開始把火龍帶至香港仔，除了期望年輕一代可傳承這種文化，也提出香港仔火龍與薄扶林村的火龍是一脈相承的。他也接受在傳統的火龍上添加新元素：「我們這些紮火龍的，有時比較『舊式』，所以有時年輕人會逐漸失去興趣，所以現在都盡量給他們自己去思考，總之外形類似，我們也接受。」他希望有薄扶林村存在的日子，就有舞火龍，也希望香港仔能傳承，把這種節日氣氛帶到每一區，最好便是讓每區也有火龍。[85]

83 〈薄扶林村火龍會紀錄片 —— 龍情．薄扶林〉，薄扶林村火龍會，香港，2022 年。

84 袁家俊訪問，2022 年；顏鋑彥訪問，2022 年。

85 「香港故事—職外高人：龍的傳人」，香港電台製作，2016 年 11 月 12 日。

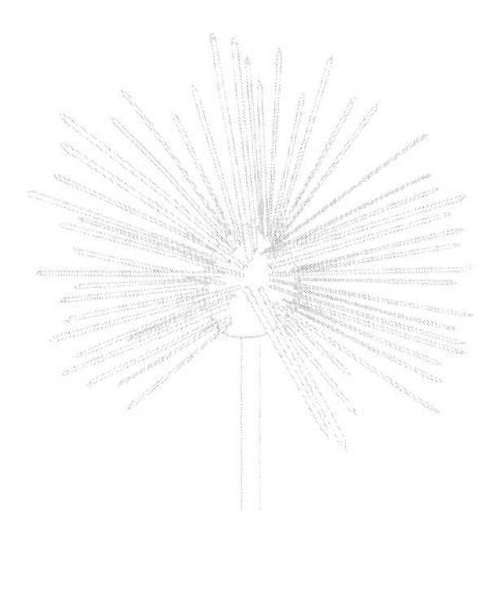

小結

總結本章，我們認識了紮作火龍的技藝，包括了材料選用、火龍設計和紮作技術，這些都來自於吳江乾師傅多年來的心得和經驗；我們也了解到火龍活動的儀式，例如舞火龍路線上，沿途拜祭不同的地方神明。火龍紮作技藝和儀式，都會隨着時間而有所變化，例如為了吸引村外的觀眾而設定火龍外形和在華富邨蟠龍，自 2019 新冠疫情後政府限制市民聚集，火龍活動的路線和內容也因應改動。最關鍵的還有年青一代會否繼續參與，所以本章也闡述了火龍紮作者的傳承，教導技藝已不再是以往師徒傳授、個人觀察和摸索，而是共同開班授徒，學生也不一定是薄扶林村村民，而是歡迎公眾參與。

需要注意的是，上世紀的薄扶林村舞火龍經歷了一段「各有各紮」的時機，沒有統一籌辦的組織、紮作標準和舞火龍儀式。當舞火龍經歷停辦和復辦之後，村民統一籌辦火龍，紮作者身份得以確立，他的教導被視為標準，儀式和路線也統一起來，所以我們現時觀察所得的紮作技藝和火龍儀式，其實是經過統一化後的成熟展現。換句話說，如果我們要深入了解薄扶林舞火龍的意義，就絕對不能忽略舞火龍的歷史。

我們研究這段歷史，不能單單集中於復辦之後統一化的歷史，而必須挖掘一段長時間的歷史。在我們的訪問中，受訪村民在回憶以前參與舞火龍時，會認為「好玩」、「過癮」，有村民會滔滔不絕地憶述當年一段段難忘又快樂的往事，並承認這段歷史記憶和對薄扶林村的身份認同驅使他們至今仍然醉心傳承火龍活動，所以村民的參與是與他們過往的個人經歷有關，同時也建基在對鄉村的歸屬感上。正如本章引言中，我們提及過人類學者訪問村民為何參與地方儀式時，答案多數是村民認為這是他們的傳統。但問題是，一個社區不會只有一個傳統活動，為何村民選擇舞火龍而不選擇其他（或者反過來不選擇舞火龍而選擇其他活動）呢？甚至退一步說，薄扶林村有什麼其他傳統活動？它們（也包括舞火龍）是怎樣出現？這些都要在薄扶林村長久的歷史中尋找答案，也是以下第四和第五章將要探討的內容。

劉永康 @ 康港劉影（攝於 2019 年）

劉永康 @ 康港劉影（攝於 2019 年）

第四章

由村落到社區

薄扶林舞火龍是村落的祭祀活動，在中秋節晚上，村民舞動火龍，穿梭村內各大街小巷，拜祭村內各個神明。在第三章我們已提及，舞火龍活動的祭祀路線包括各土地壇、李靈仙姐塔和西國大王廟。但為何舞火龍隊伍的路線會選擇經過和拜祭這些神明？這些神明對於村民的意義價值在哪裏？

過往的研究指出遊神路線反映出村落的地緣關係。簡單來說，村民相信自己一直受到村內神明庇佑，所以在節誕中，不免會出現酬謝神明的祭祀活動，故巡遊隊伍也會途徑村落的神明供奉處行參拜儀式。由此可見，神明所處的位置，其實就是村民心目中的社區地圖，而鄉村的範圍、村內成員的群體結構，甚至是神明的數字，都是會隨着年月有所變化，這些變化漸漸形成薄扶林村的村落歷史。[1]

關於薄扶林村的歷史，過往有研究指出它是一條早已記錄在 1819 年（清嘉慶二十四年）《新安縣志》內名為「薄鳧林」的村落，並由此闡述薄扶林村至今的歷史。[2] 本章則強調薄扶林歷史與舞火

1 關於鄉村祭祀與地緣組織的關係，可參考蔡志祥：《酬神與超幽：香港傳統中國節日的歷史人類學視野（上卷）》；David Faure. *The Structure of Chinese Rural Society: Lineage and Village in the Eastern New Territories, Hong Kong*. Hong Kong: Oxford University Press, 1986.

2 【清】舒懋官修、王崇熙等纂：《新安縣志》卷二〈輿地一．都里〉，頁 82（清嘉慶二十五年刊本；台北：成文出版社，1974 年），第 1 冊，頁 98；關於薄扶林村的歷史研究，可參考丁新豹：〈薄扶林話舊〉，明愛社區發展服務：《薄扶林村 ——太平山下的歷史聚落》，頁 15；鄭德華主編：《中國龍文化研究：以澳門舞醉龍及其他個案》。

龍的關係，特別是火龍路線背後，不同的神明祭祀點代表着村內各個不同的群體，他們或先或後加入薄扶林村，最後由舞火龍把這些群體串連起來，構成一個薄扶林社區的整體。

因此，研究舞火龍不能單單關注活動本身，也必須了解孕育舞火龍活動的薄扶林村的歷史。本章將會分以三節來介紹薄扶林村的歷史：第一節主要是關於早期薄扶林村的歷史和土地壇的角色；第二節解釋村落的風水地理格局和李靈仙姐塔的關係；第三節介紹牛奶公司牧場為村落帶來的巨大影響，以及最後西國大王廟的出現。本章會通過歷史照片、文獻資料、鄉村的口頭傳說，綜合地理環境與祭祀空間的演變，重構薄扶林村早期的地理面貌、歷史脈絡與社區生活，與讀者一同深入探尋關於薄扶林村的面貌。

劉永康 @ 康港劉影（攝於 2019 年）

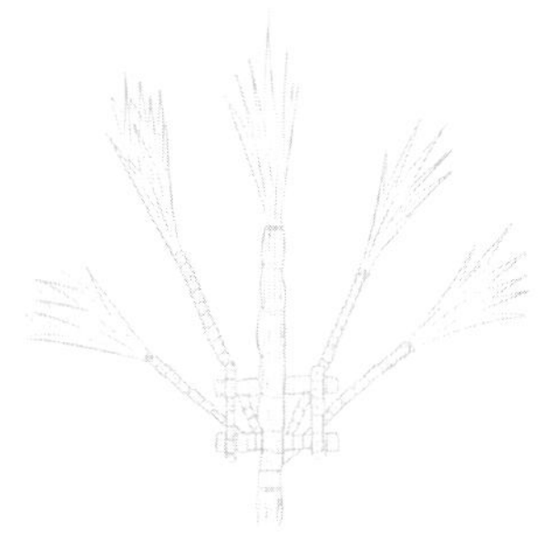

第一節
「十八間」、化神福和土地壇

從前，薄扶林村有一條商業街，名為「圍仔大街」，大街沿着兩排排屋組成，據説因為排屋一連共十八間屋，故村民稱之為「十八間」。如今，「十八間」已成為薄扶林村中最古老、最核心的歷史建築群，處處佈滿薄扶林村的發展痕跡，並成為薄扶林村的景點。要認識薄扶林村，不可越過這裏，一切，要從「十八間」説起。

「十八間」的位置，早在 1845 年英國皇家工程兵團哥連臣中尉（Lieutenant T. B. Collinson, 1821-1902）所繪製的首份香港地圖已有紀錄。從地圖所見，時譯為「Pokefulum」的薄扶林三面環山，山澗匯集成河溪，向南經海拔約 500 呎的耕地和叢林及海拔約 200 呎的耕地，流入瀑布灣（Waterfall Bay）——當中在海拔約 500 呎的耕地旁，可見呈現成一列的房屋建築（見右頁上圖）。

右下圖的拍攝年份為 1868 年，相信是現存最早的薄扶林村照片。從照片可一窺當地過去的風貌，房屋排列成一行，屋前有耕地，屋後有山林，這正是今薄扶林村村民稱作「十八間」的排屋原貌。

當時的薄扶林村，是一條人口小於 60 人的雜姓村，村民主要為陳黃二姓。根據 1844 年港府登記人口的紀錄，當年居住在薄扶林的華人（Chinese）有 53 人，其中成年男性 21 人、已婚女性 16 人、男孩 13 人、女孩 3 人，房屋共計有 13 間；在

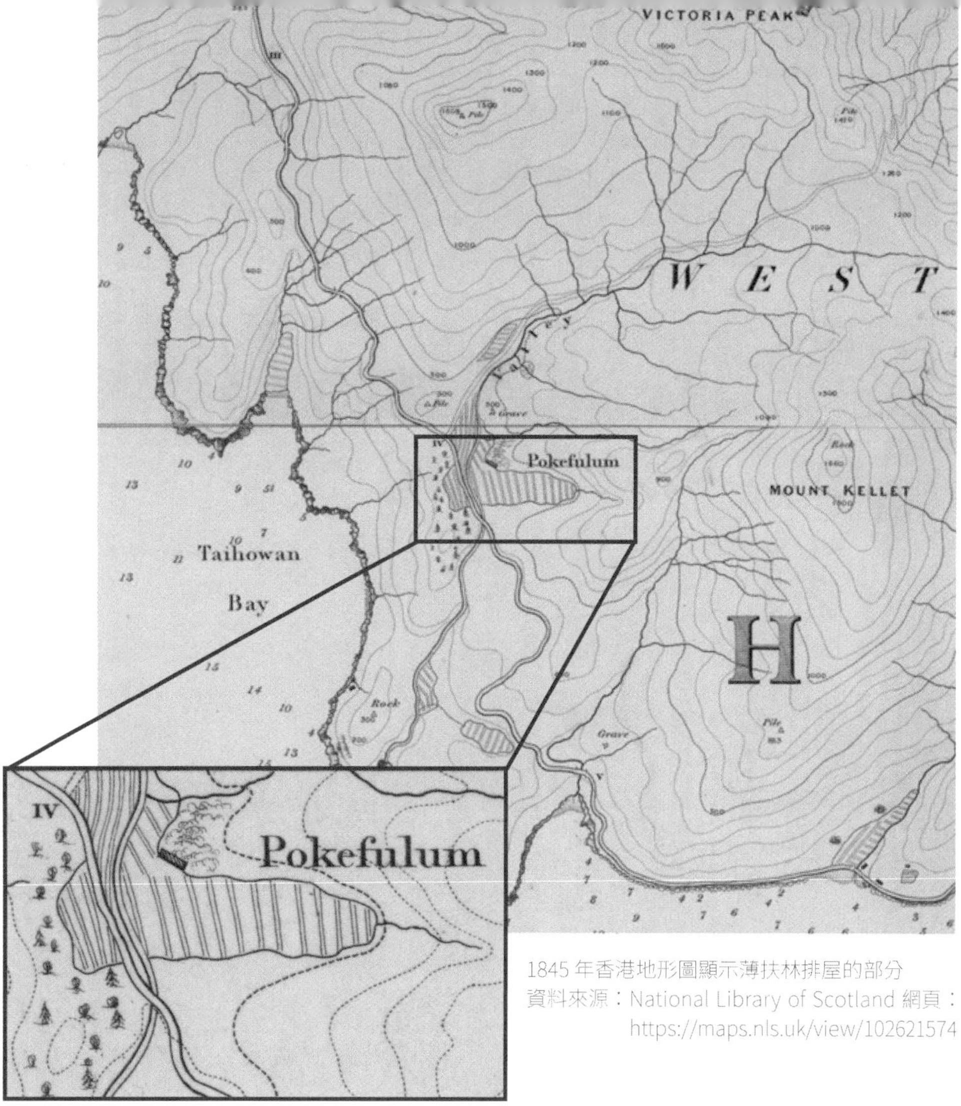

1845 年香港地形圖顯示薄扶林排屋的部分
資料來源：National Library of Scotland 網頁：
https://maps.nls.uk/view/102621574

1868 年題為「薄扶林—華人村莊」的歷史照片
資料來源：香港政府檔案處歷史檔案館館藏— 02-02-051 Chinese village at Pok Fu Lam, 1868.

1845 及 1846 年香港島公共建築及房屋統計中，當地有 6 家農人（Husbandmen）向政府登記。[3]

1860 年差餉紀錄顯示當年薄扶林有屋 15 間。街道號碼為第 830 至 840 號，除了 2 間空置（void）房屋和 1 間破舊小屋（broken hut）外，其餘 12 間房屋分別由 9 名陳氏和 3 名黃氏所有（見右頁薄扶林差餉紀錄圖）。[4] 1867 年的紀錄則顯示，此時薄扶林有屋 31 間，街道號碼獲重新編配，改為薄扶林第 1－31 號，第 1－5、9、12－15 號都是屬於洋人的住房或別墅，第 10 和 11 號則分別是警署及水務設施，第 17－31 號屋皆屬華人所有，共 14 間，其中 12 間分別為 8 名陳氏和 4 名黃氏所有（見右下頁圖）。[5] 房屋和人口數字的突然增長，是由於政府文件上的「薄扶林」之意思已不單是「十八間」排屋，而是指覆蓋範圍廣泛的地域，但如果我們仍把焦點放在華人紀錄的話，可以發現「十八間」居民仍是陳黃二姓居多。換句話說，「十八間」的陳黃二姓，可算是薄扶林村的「第一代」登記村民。

3 *Hong Kong Blue Book for the Year 1844*, p. 102; *Hong Kong Blue Book for the Year 1845*, p. 120; *Hong Kong Blue Book for the Year 1846*, p. 120；在 1840 至 1930 年代港府人口登記或統計中，薄扶林是維多利亞城區外的鄉村地區之一，當中大部分紀錄都沒有明確為薄扶林的範圍作出定義，或視薄扶林村為獨立統計區，只見 1881 年報告將當時稱為「垃圾灣（Lap Sap Wan）」的卑路乍灣納入薄扶林的統計，以及 1921 年報告將薄扶林定義為港島南部由摩星嶺延伸至香港仔、但不包括香港仔的區域。參考 *Hong Kong Government Gazette 11 June, 1881*, p. 439; *Report on the Census of the Colony for 1921*, Sessional Papers 1921, p. 172.

4 香港政府檔案處歷史檔案館館藏：HKRS 38-2-2 Rates Assessment, Valuation and Collection Books-Hong Kong, 1860.

5 同上，1867.

1860 年度薄扶林差餉紀錄

資料來源：香港政府檔案處歷史檔案館館藏：HKRS 38-2-2 Rates Assessment, Valuation and Collection Books-Hong Kong, 1860.

1867 年度薄扶林差餉紀錄

資料來源：香港政府檔案處歷史檔案館館藏：HKRS 38-2-4 Rates Assessment, Valuation and Collection Books-Hong Kong, 1867.

「神福牌」（由研究團隊拍攝於2021年6月17日）

儘管薄扶林其後不斷有人口遷入，圍繞「十八間」四周的土地也興建起愈來愈多房屋，但據説薄扶林村仍保留了一套名為「化神福」的祭幽儀式，而這套儀式正能夠顯示出「十八間」這種「第一代」的特殊身份。「化神福」在每年農曆七月十四及年三十晚舉行，由排屋居民輪流負責，負責的家戶還需要供奉一塊稱為「神福牌」的木牌。因為一年有兩次祭祀，所以輪替方式是一年兩戶。用作祭祀遊魂野鬼的祭品共36份，再加一份供奉觀音娘娘的「觀音衣」，祭祀的目的主要為祈求村民出入平安。但「化神福」儀式近10年來因為各種原因而沒有再輪替，現時儀式主要由陳佩珍女士負責，她自七十年代起便主理這項儀式。每年農曆七月十四，祭祀會在俗稱「坑邊」，近薄扶林道及置富道交界的排水渠入口旁進行；農曆年三十晚，則在薄扶林道近薄扶林村圍仔大街入口的行人過路處進行祭祀。[6]

「神福牌」上刻有「聯慶堂」，這名稱亦見於村內另一座民間宗教建築——李靈仙姐塔的石匾上。

就薄扶林村村民的來歷，王韜（1828－1897）在1865到1866年旅港期間，透過「旁諏故老，延訪遺聞」以「聊以備荒隅掌故」，寫成了〈香港略論〉一篇，當中提及薄扶林村村民的來歷與清初三藩之亂（1673－1681）有關。「博胡林一帶有屋二十

6　2021年李靈仙姐誕考察暨陳佩珍女士訪問，2021年5月26日；陳佩珍女士訪問，2021年6月17日。

李靈仙姐塔石匾，其左方刻有「聯慶堂」三字（由研究團隊拍攝於 2020 年 11 月 20 日）

餘家，依林傍澗，結構頗雅，相傳自明季避亂至此。蓋自桂藩之竄，耿逆之變，遺民無所歸遠，避鋒鏑偷息此間，不啻逃於人境之外。」[7] 這說法提出薄扶林村村民的祖先乃明朝遺民，因三藩之亂而無家可歸，遂避居於薄扶林。另一說法出自一位 1957 年在薄扶林港督專用農地（俗稱「花王田」）工作的工人，他聲稱其祖父曾經是張保仔（1786－1822）旗下的海盜，而薄扶林就是一處居有 30 至 40 名居民的密林，居民都是張保仔領導下的海盜。[8] 以上兩種說法皆頗具傳奇色彩，共通點在於兩者都與中國華南地方歷史上的動亂有關，前者將薄扶林村村民的祖先連繫上十七世紀的華南戰亂，後者則連結上十九世紀初廣東沿海的海盜活動。[9]

7 【清】王韜：《弢園文錄外編》卷一〇，頁 177-178；載馬金科編：《早期香港史研究資料選輯（下冊）》（香港：三聯書店，2019 年），頁 404-407。

8 Chan-fan, Ng. "*Pokfulam: A Geographical and Historical Survey*", Undergraduate essay presented in the Department of Geography and Geology, Hong Kong: The University of Hong Kong, 1957.

9 時至今日，居住在薄扶林村「圍仔」排屋的陳氏對於祖先的遷徙路線，流傳着幾個稍為不同的版本：（一）陳氏家族在大約 200 年前為逃避海盜，遂由壽山村遷至薄扶林村；（二）陳氏祖先源自寶安，由香港圍遷至薄扶林村；（三）陳氏祖先來自寶安，經瀑布灣上岸至薄扶林定居。2021 年李靈仙姐誕考察暨陳佩珍女士訪問，2021 年 5 月 26 日；Suk-yee, Kwok.（郭淑儀）. *The Last Village: Vultural Memories of the Tangible and Intangible Heritage of Pokfulam Village on Hong Kong Island*. Thesis. Hong Kong: The University of Hong Kong, 2008. Retrieved from http://dx.doi.org/10.5353/th_b4218907.

薄扶林村旁的田地，1946-47 年
Hedda Morrison photograph collection, Harvard-Yenching Library

關於村民祖先來源的說法，我們應該注意它們出現的時期是在十九世紀中後期這個時間上，這段也是香港政府在推行土地登記的時刻。1890 年，港府通過《寮屋條例》（又譯作《未領契券疆土條例》，Squatters' Ordinance），接受所有未獲政府批租官契的土地佔有人士，包括在香港殖民管治前已佔有土地，而往後仍沒有從政府獲批土地的人士及其後裔或代表，可向按此條例所設立的委員會聲稱對該圖則所包括的任何土地享有權益。[10] 1892 年 9 月，該委員會接受薄扶林村及鄰近地區的未批租官地佔有者申請官契，經調查後交由土地註冊處在 1893 年 1 月 1 日批出一份集體官契。[11] 1893 年 1 月 26 日該委員會所發表的報告指出，當年薄扶林村的土地大致分為三大類別：第一類別為「祖屋及所屬園地」（Ancestral Houses and the Land cultivated as Gardens, which has followed the possession of the houses），這類業權可追溯至殖民管治之前，批租年期為 999 年，其申領人獲政府認可為薄扶林村原住民的後裔（acknowledged descendants of the ancient inhabitants of the village），[12] 而根據 1893 年薄扶林村集體官契附表，批租年期為 999 年的村地段（Village Lot）為第 1－4、6－16，以及 20 號，由陳氏 11 人、黃氏 4 人及羅氏 1 人領有；[13] 第二類是「由暫居執照領照人佔用了一段相當長時間的土

10 條例的中文譯名參考〈定例局聚會〉，香港《華字日報》，1910 年 5 月 6 日；*Hong Kong Government Gazette 11 October, 1890*, p. 1012.

11 香港土地註冊處文件：薄扶林村地段集體官契，1893 年。

12 "*Report of the Squatters' Board on the claims of Squatters in and near the Villages of Pokfulam, dated 26 day of January 1893*"，收錄於香港政府檔案處歷史檔案館館藏：HKRS 835-1-68 Pokfulam Village Lots-General Policy, 02.02.1959-19.11.1969.

13 香港土地註冊處文件：薄扶林村地段集體官契，1893 年。

地」（Land occupied and built upon or otherwise improved by bona fides occupiers holding for considerable periods under Squatters Licences），批租年期定為 21 年，「其申領人不獲承認為薄扶林村原住民及業主，但考慮到他們在這些土地上積極地投資和勞動，應得到一些享用時間的保障」，村地段編號為第 18－19、21－22，以及 31－33 號，包括朱氏 2 人以及陳氏、高氏、馮氏、甘氏和蔡氏各 1 人；第三類是「由牛奶牧場工人和其他暫居執照領照人所築建的臨時房屋、屋棚和豬舍，這些建築不是棚屋就是由佔用人用河床石頭建成的小石屋」，批租年期按年計算，直至被當局徵求，村地段編號為第 23－24，以及 26－30 號，其申領人包括朱氏、馮氏、陳氏、鍾氏、高氏、謝氏和陸氏各 1 人。[14]

能夠成功登記入第一類土地，享受 999 年的批租，對村民來說非常重要，但這些村民如何向政府證明他們在殖民管治前的業權呢？可惜沒有相關資料留下，但可以肯定，能夠述說出他們的祖先在殖民管治前已來到，定能大有幫助。成功登記後，村民的身份與權利也得以確認。

村民除了為自己登記外，也為保護他們的神明登記。1893 年的港府報告指出，薄扶林村地段第 25 號為一座神壇（Shrine）。從以下 1969 年薄扶林村官契批地圖則所見，該位置正是「圍仔」

14 "*Report of the Squatters' Board on the claims of Squatters in and near the Villages of Pokfulam, dated 26 day of January 1893*"，收錄於香港政府檔案處歷史檔案館館藏：HKRS 835-1-68 Pokfulam Village Lots-General Policy, 02.02.1959 - 19.11.1969.

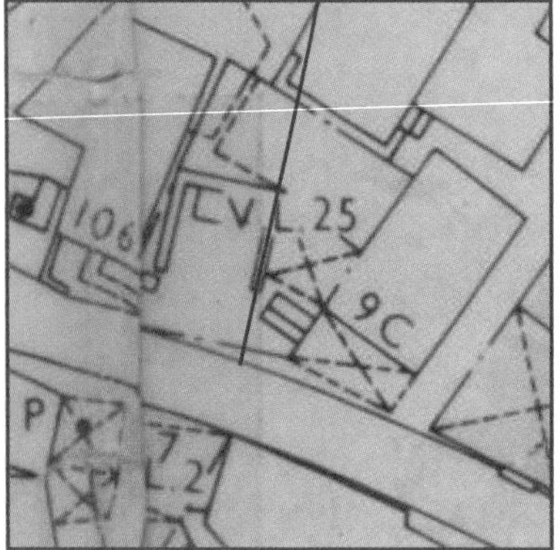

1969 年薄扶林村官契批地圖則顯示大伯公壇（薄扶林村地段第 25 號）位置及 2020 年大伯公壇照片

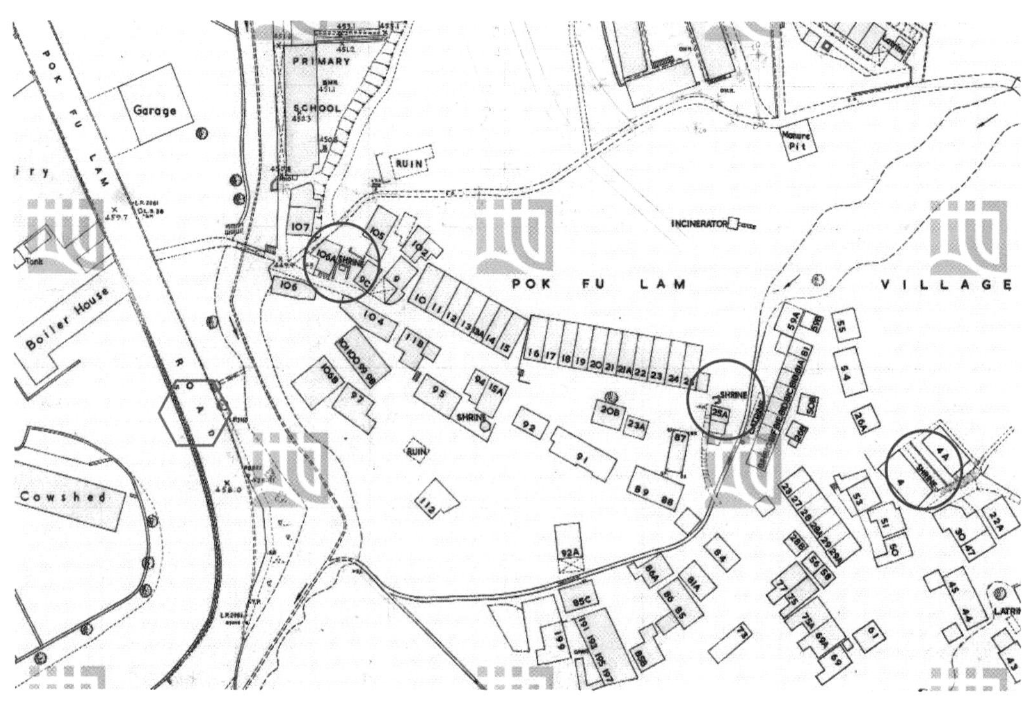

1958 年 1 吋比 50 呎（1:600）地形圖（預覽）顯示薄扶林村土地壇及李靈仙姐塔位置
資料來源：1:600 212-SE-3［版本 1958-03］，地政總署「香港地圖服務 2.0」網頁

1968 年 1 吋比 50 呎 (1:600) 地形圖（預覽）顯示薄扶林村不同土地壇及李靈仙姐塔位置
資料來源：1:600 212-SE-3 [版本 1968-01]，地政總署「香港地圖服務 2.0」網頁

大伯公壇所在之處。伯公是土地神的稱呼之一，在祭祀禮儀上擔當起守護的角色，而村內不同的土地神則守護着不同的地方，例如村口、水井、廁所等等，所以隨着人口增加，薄扶林村範圍擴展，土地神的數量也隨之增多，不同的土地神也具有不同的「資歷」與地位，而大伯公壇位處於「十八間」出入口，在一眾土地神崇拜中具有獨特的地位。1969 年官契紀錄，大伯公壇所位於的第 25 號地段，由陳丁壽和陳喜保所持有，並按年繳付租金，前者為薄扶林村地段第 20 號的業主，獲政府確認為薄扶林村原住民的後裔。[15] 在傳統中國的農村社會，土地祭祀代表了村民身份的資格，這佐證了歷史最悠久的土地神壇地段由陳氏領有，可看出當年陳氏在薄扶林村的地位。[16]

據説在五十年代初，薄扶林官立小學興建以前（現址改為德瑞國際學校），大伯公壇後方有一棵大榕樹，有一天村民打算移除大樹，卻目睹一條龍向今天華富邨的方向飛去，由於村民懼怕這意味着伯公的離開，於是請法師打醮。[17] 現時薄扶林舞火龍的

15 "*Report of the Squatters' Board on the claims of Squatters in and near the Villages of Pokfulam, dated 26 day of January 1893*"，收錄於香港政府檔案處歷史檔案館館藏：HKRS 835-1-68 Pokfulam Village Lots -General Policy, 02.02.1959 - 19.11.1969.

16 蔡志祥：《打醮：香港的節日和地域社會》（香港：三聯書店，2000 年）；陳弦章：《民間信仰與客家社會》（台北：崧博出版事業有限公司，2019 年）；David Faure. *The structure of Chinese rural society: lineage and village in the eastern New Territories, Hong Kong*.

17 陳佩珍女士訪問，2021 年 6 月 17 日。

終點，是華富村瀑布灣，儀式名為「龍歸滄海」，而這道傳聞是否意味着火龍和瀑布灣早在 1950 年已有連繫，就不得而知。

除了「十八間」出入口的大伯公壇外，薄扶林村還有數個土地壇。如比較 1958 年和 1968 年的地政署地圖，可以發現除了房屋增加了，土地壇也同樣增多。2017 年的地形圖顯示，德瑞國際學校（前薄扶林村官立小學）門前階梯旁出現了一座新的土地壇，根據薄扶林村文化環境保育小組在 2015 年出版的「薄扶林村手繪地圖」所指，這座土地壇為菜園伯公壇，由村外人所修建，由於地處菜園主要出入口，所以也成為火龍隊伍所拜的土地之一。「手繪地圖」提及，菜園歷史最悠久的土地壇設於甘氏排屋，為一塊由村民用紅台階圍起的大石，在背後房舍一角供人祭祀。[18]

在薄扶林中秋舞火龍活動中，火龍隊伍入村後會先到「十八間」大伯公壇參拜，之後才前往村內其他土地壇參拜（詳見第三章「2018 年舞火龍路線」）。由這個安排可看出，「十八間」大伯公壇在薄扶林村村民眼中具有特別地位，而這點必需要配合薄扶林村的歷史才能看得出來。除了土地壇，火龍隊伍也會前往李靈仙姐塔參拜，下一節將會透過李靈仙姐塔在村落地理格局上的重要性，來分析火龍參拜的原因。

18 「薄扶林村手繪地圖」（2015），薄扶林村文化環境保育小組。

第二節
李靈仙姐塔與「三水環村」風水格局

李靈仙姐塔（下稱「仙姐塔」）位於薄扶林村兩排排屋中央以南的菜地，受村內建築物包圍，塔旁有兩座石獸守護。仙姐塔是一座由紅磚砌成，高約 5 米的兩層塔，每層每面皆設有密封圓拱窗，第一層有一圓拱門，內裏供有李靈仙姐靈位，塔內僅夠一人容身。塔上石匾刻有「民國丙辰冬　聯慶堂立」的字句，民國丙辰即 1916 年，相傳這是靈塔重修的年份，而仙姐塔起初興建的年份已不可考。[19]

關於李靈仙姐的由來，根據 1996 年《南區風物志》紀錄，相傳很久以前，薄扶林村村民經常於晚上聽到陣陣怪聲，而且看到鬼影，村民深感不安，後來一位村民夢見一名自稱為「李靈仙姐」的少女承諾為村民降魔伏妖，自此怪聲鬼影不再復現，村民便集資興建靈塔以供奉及答謝李靈仙姐。[20] 另有一說法，有一位薄扶林村村民名叫羅容，他潛心修煉道術，不久取得一定成果，於是與銅線灣的茅山道士鬥法七日七夜，羅容請得李靈仙姐答應相助，附身其體內，鬥法期間他閉關自守，不吃不喝，期間不可被騷擾。可惜家人不知而呼喚他，最終使他功虧一簣，破法而斃，後人為紀念這事便建造石塔，並於每年農曆四月十五日舉行李

19　明愛社區發展服務：《薄扶林村 ——太平山下的歷史聚落》，頁 62

20　梁炳華：《南區風物志》（香港：南區區議會，1996 年），頁 41。

李靈仙姐塔外貌
（由研究團隊拍攝於 2020 年 11 月 20 日）

李靈仙姐塔內部李靈仙姐神位
（由研究團隊拍攝於 2021 年 5 月 26 日）

李靈仙姐塔塔側兩旁石獸
（由研究團隊拍攝於 2021 年 5 月 26 日）

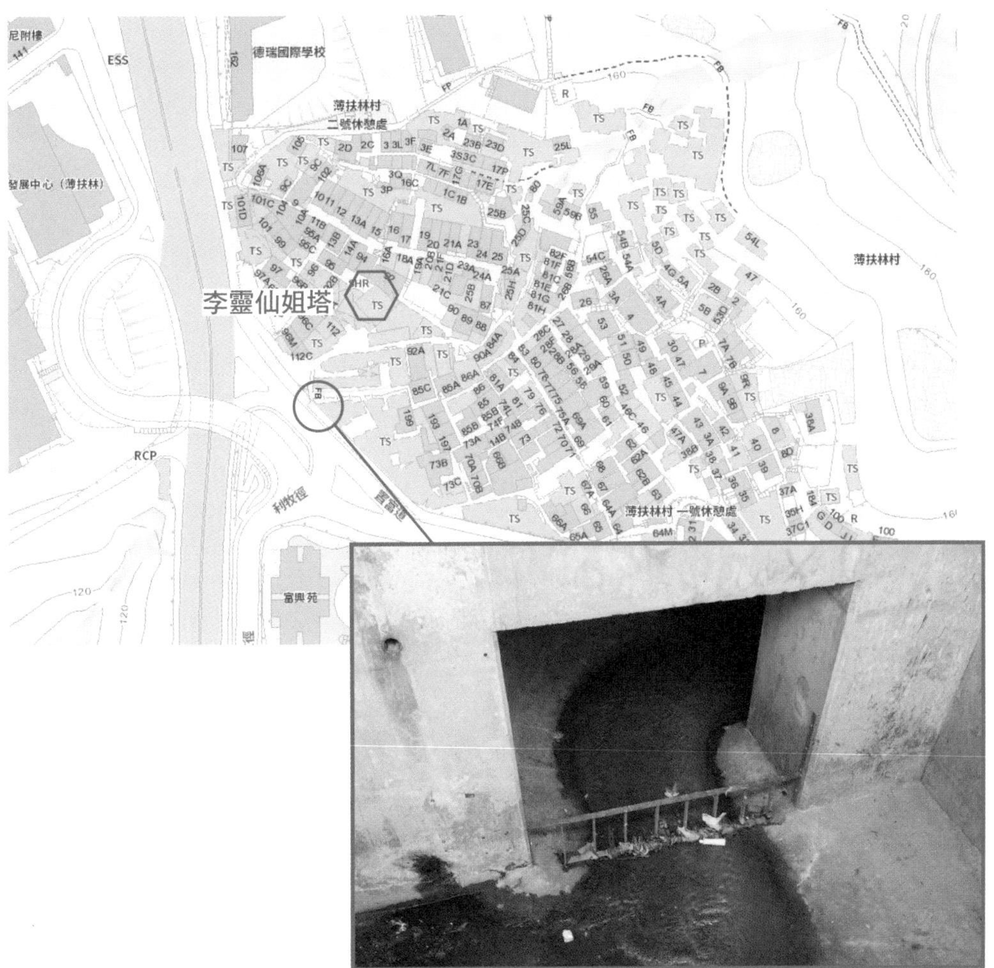

2021 年香港地理資訊地圖顯示薄扶林村近薄扶林道及置富道交界排水渠位置及排水渠照片（由研究團隊拍攝於 2021 年 5 月 26 日）

靈仙姐誕，期間羅氏後人會取出一件舊道袍掛於仙姐塔上，紀念此事。[21]

仙姐塔建築原來較為簡單，以石頭簡單堆建而成，後來李靈仙姐附身於一位名為周華娣的女士，並承諾在村中發生不幸事件，如瘧疾肆村期間護祐村民。某年瘟疫流行，村民遂重建靈塔，並向仙姐問卜，求仙姐塔的面積尺寸。[22] 另有説法指仙姐附身於周華娣女士一事發生於三十年代，周氏居於南丫島，在西營盤經營賣布生意，與薄扶林村陳氏家族有親戚關係，所以經常到薄扶林村，薄扶林村村民遂請她通靈問米，經過問卜後才搭建了現時的紅磚塔。[23]

21 明愛社區發展服務：《薄扶林村 —— 太平山下的歷史聚落》，頁 62

22 薄扶林村街坊福利會：《薄扶林村中秋火龍百年慶典：紀念特刊》，頁 2；明愛社區發展服務：《薄扶林村 —— 太平山下的歷史聚落》，頁 62-63。

23 2021 年李靈仙姐誕考察暨陳佩珍女士訪問，2021 年 5 月 26 日。

1941—45 年日本香港佔領地總督部管理香港牧場地圖顯示薄扶林村的部分
資料來源：香港政府檔案處歷史檔案館館藏：MA 002468 Plan Of Hong Kong Farm At Pokfulam During The Japanese Occupation Between 1941-1945.

1972 年，時任皇家亞洲學會香港分會會刊主編許舒博士（Dr. James William Hayes, 1930－）與其他會員考察薄扶林。三位大概生於 1897 至 1900 年間的老村民告訴他們，李靈仙姐塔是在村中長老的決定下，得所有居民集資而建成，建造目的是為鎮壓（counteract）來自香港仔道（Aberdeen Road）下方當時新建之暗渠所帶來的壞影響。根據許舒描述，暗渠呈深黑，渠口正向着薄扶林村，令村民感到不安，後來一宗瘟疫使不少居民患病，一名村民得到一位據說來自本地名為「李靈仙姐」的女神報夢，命他建造靈塔。[24] 從以上口述歷史所知，仙姐塔與當地的風水不無關係，也成為薄扶林村居民的一種信仰。

不單是排水口，仙姐塔與薄扶林的整個風水格局都頗具關連。右頁照片乃由英國攝影師威廉．弗洛伊德（William Pryor Floyd, 1834-1900）於 1868 年拍攝。[25] 照片中的瀑布位處樹木茂密的山谷之中，瀑布上方有一座石橋，相信是早年維多利亞城至香港仔道薄扶林段的一部分，背景是太平山，山頂之上隱約可見相信是第一代港督別墅的建築。

24 James Hayes, 'Programme Notes for the visit to Pokfulam, Hong Kong Island, 29 July, 1972', in *Journal of the Hong Kong Branch of the Royal Asiatic Society*, Vol. 12, 1972, p. 211.

25 關於威廉．弗洛伊德（William Pryor Floyd）的資料，參自："Floyd, William Pryor", Historical Photographs of China 網頁：https://hpcbristol.net/photographer/floyd-william-pryor（讀取日期：2022 年 6 月 13 日）。

1868 年題為「薄扶林瀑布」的照片
資料來源：香港政府檔案處歷史檔案館館藏：02-02-052 Waterfall at Pok Fu Lam, 1868.

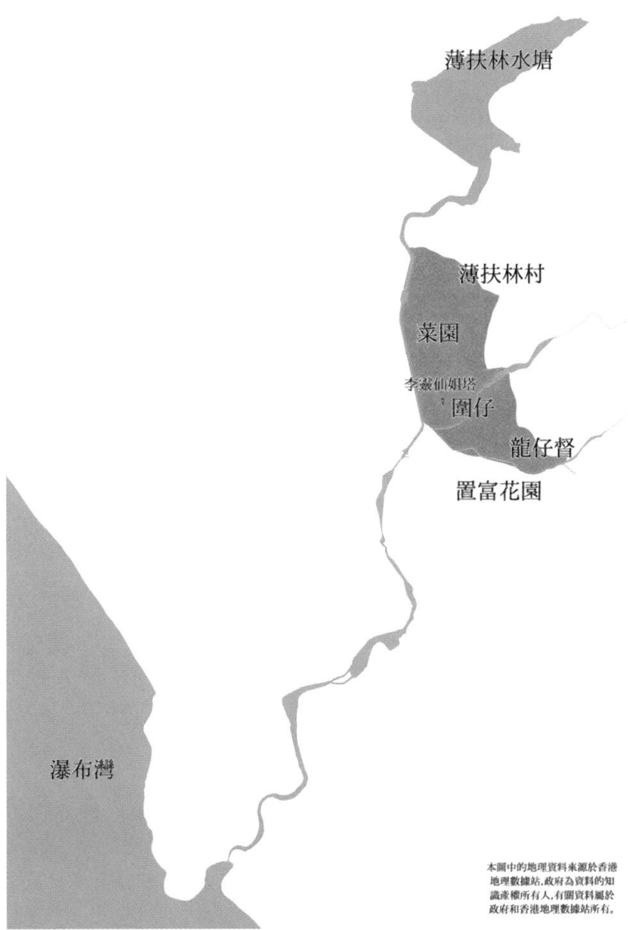

薄扶林山水圖（地理資料來源：香港地理數據站）

從薄扶林山坡上遠眺南丫島一景，1946-47 年
Hedda Morrison photograph collection, Harvard-Yenching Library

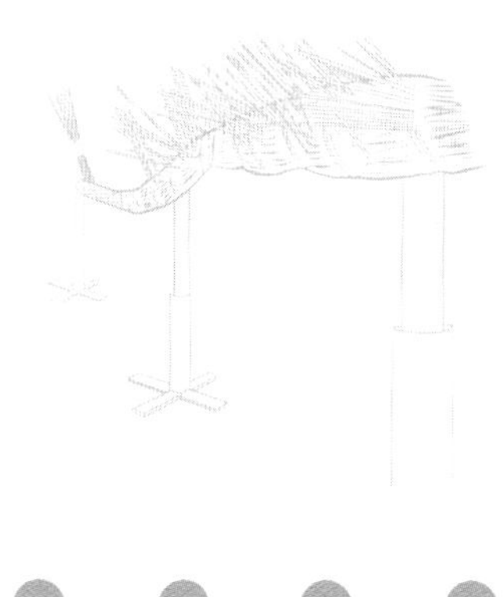

許舒所指的香港仔道應為香港仔道薄扶林段，暗渠是今天薄扶林村近薄扶林道及置富道交界的排水渠，正對着排屋的中央，亦即是李靈仙姐塔的位置。日佔時期，香港佔領地總督部一度接管牛奶公司牧場，並繪製了一幅地圖，詳列了牛奶公司薄扶林牧場的物業，當中標示了薄扶林村的位置及附近的河流導向，可見三條溪水經薄扶林村匯流至薄扶林道橋底，才流向瀑布灣（見頁130香港牧場地圖，頁131「薄扶林瀑布」的照片）。[26] 在風水格局上，今薄扶林村村民稱這為「三水環村」。[27]（見頁131，薄扶林山水圖）

「三水環村」的地理環境，讓薄扶林村有四季無間、源源不絕的食水來源，方便村民灌溉、養豬及洗衣。關於這點王韜曾指出：「泉脈發之山巔，流至博胡林、黃泥湧數處，皆以鐵筒置地中，引之貫注，延接流入各家。」[28] 用「鐵筒」引水入各家戶中，似乎是頗具規模的水利系統。水源匯集後流向瀑布灣，也是嘉慶《新安縣志》中「新安八景」之一的「鼇洋甘瀑」[29]，充足的淡水也吸引了當時來華貿易的歐洲商團停泊休息及補充食水。[30]

26 香港政府檔案處歷史檔案館館藏：MA 002468 Plan of Hong Kong Farm at Pokfulam during the Japanese Occupation between 1941-1945；香港檔案學會、薄扶林村環境保育小組：《薄扶林村社區檔案館》網頁：http://www.pflv.org.hk/tc/（讀取日期：2023 年 3 月 16 日）。

27 曾曉玲：〈未來城市：薄扶林村井水在身邊重用水井，不止自來水〉，《明報》，2019 年 9 月 15 日。

28 【清】王韜：〈香港略論〉，《弢園文錄外篇》卷 6（中華書局點校本，1959 年），頁 262。

29 新安八景是指赤灣勝概、梧嶺天地、杯渡禪蹤、參山喬木、盧山桃李、玉勒湯湖、龍穴樓台及鼇洋甘瀑。

30 丁新豹：〈薄扶林話舊〉，見《薄扶林村——太平山下的歷史聚落》，頁 15。

水源為村落帶來便利的同時，也帶來了災害，薄扶林村的位置有如窪陷的盆地，所以在雨季時會受到水災威脅。早於 1845 年，香港豪雨成災，薄扶林河水氾濫，全村及耕地被洪水淹沒，據報至少 18 人溺水身亡。[31] 時至今日，薄扶林村村民仍對 1966 年的一次水災記憶深刻，當年 6 月發生了一次雨災，有報章曾報道當時一位在牛奶公司牛奶房任職雜工的薄扶林村村民，全家 9 人住在一間木屋，洪水一度淹至閣仔，一家人抱着 76 歲的老人從小窗口逃生，當時社會上甚至出現薄扶林水塘發生崩裂的流言，被當局證實毫無根據。[32] 仙姐塔對出的暗渠，位於全村最低點，是全村的排水口，故假若薄扶林村水浸，最先浸沒的便是這個位置，許舒因而特別提及，李靈仙姐塔與其他廟宇的由來相似，都是源自於一些不幸事件，致使村民尋求神明的庇佑，而這正與薄扶林在雨季時經常出現河水氾濫的現象有關。[33]

過往李靈仙姐誕的慶祝活動頗為盛大，根據 1951 年報章報道，李靈仙姐誕的醮會為每年農曆四月廿四日舉行，一連舉行三日四夜，報道並以「盛大」和「隆重」來形容，並有「音樂等助慶」。[34] 據説過往仙姐誕時村民會在靈塔前的空地搭棚做大戲，

31 "No Title", *China Mail*, 8 August, 1845；CO 129/16 Despatches: 1846 Jan.-June, p. 166.

32 〈薄扶林村災民迄未獲登記〉，《大公報》，1966 年 6 月 16 日；〈水塘均滿溢〉，《工商晚報》，1966 年 6 月 16 日；2021 年李靈仙姐誕考察暨陳佩珍女士訪問，2021 年 5 月 26 日。

33 "Pokfulam pagoda linked to epidemic, flood toll", *South China Morning Post*, 8 February, 1983.

34 〈薄扶林村舉行神誕大醮會〉，《華僑日報》，1951 年 5 月 27 日。

恩浩蕩

李靈仙姐誕：羅氏道袍
（由研究團隊拍攝於 2021 年 5 月 26 日）

李靈仙姐誕：薄扶林村村民拜祭
（由研究團隊拍攝於 2021 年 5 月 26 日）

李靈仙姐誕：薄扶林村村民拜大伯公壇
（由研究團隊拍攝於 2021 年 5 月 26 日）

李靈仙姐誕：塔內面貌
（由研究團隊拍攝於 2021 年 5 月 26 日）

李靈仙姐誕：薄扶林村村民拜街尾伯公壇
（由研究團隊拍攝於 2021 年 5 月 26 日）

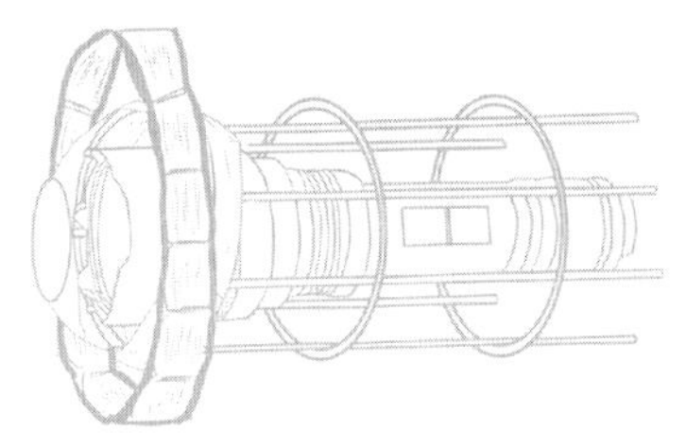

大戲超過五天，每天演出七至九齣戲，場面盛大，賀誕由村民一手包辦，而開銷由負責籌備的會社用每月籌得的會款作為經費。[35] 到近年，隨着年月變化，仙姐誕的慶祝活動顯得較為簡約，2010 年《薄扶林村中秋火龍百年慶典紀念特刊》記載，仙姐誕日期在農曆四月十五日舉行（與 1951 年的報道稍有不同）：「每年仍有數拾戶人家，一起舉行簡單而隆重的李靈仙姐誕辰典禮。」[36] 我們在 2021 年李靈仙姐誕考察中觀察，仙姐誕祭祀在 5 月 26 日（農曆辛丑年四月十五）舉行，參與人數約十多人。當日仙姐塔身貼上一對寫有「李德巍峨地靈人傑　靈恩浩蕩物阜民豐」的對聯及一幅寫有「神光普照」的橫幅。祭祀儀式開始時，有村民取出一件道袍，掛在塔身之上。道袍來自一家居住在薄扶林村「菜園」的羅氏，據稱是羅姓道士後人。當日以圍仔排屋居民為主的薄扶林村村民在拜過李靈仙姐後，前往大伯公壇祭拜，其後再去拜祭圍仔街尾的伯公，最後到業餘遊樂社以抽籤形式分配合共 12 份供品（雞、雞蛋、餡餅、水果）。[37]

若我們將薄扶林村不同的祭祀以時間發展的角度分析，或可歸納出共兩個層次：大伯公壇與化神福相信是薄扶林村最早出現的祭祀活動，參與者以圍仔排屋村民為主，大伯公遂成為時至今日薄扶林舞火龍入村時首要拜祭的神靈；第二層是李靈仙姐塔，仙姐塔在地理上位於圍仔排屋中央，與「三水環村」的風水格局有所關聯，仙姐塔的建築連繫到發生在二十世紀初仙姐附身的口

35　同上，頁 63。

36　薄扶林村街坊福利會：《薄扶林村中秋火龍百年慶典：紀念特刊》，頁 2。

37　2021 年李靈仙姐誕考察暨陳佩珍女士訪問，2021 年 5 月 26 日。

述傳說，而另一傳說相關的羅姓道士之後人並非居於圍仔，而是居於稍旁的菜園。如果我們說圍仔、大伯公壇和化神福代表了薄扶林村十九世紀的歷史，那麼仙姐塔和仙姐誕則代表了後來一個範圍更大（包括了圍仔和菜園）的地緣祭祀。

現在薄扶林中秋節舞火龍，參與者覆蓋層面甚廣，火龍路線除了大伯公壇和李靈仙姐塔，也包括西國大王廟。西國大王廟是以前草廠居民的廟宇，草廠居民多數是牛奶公司的外判工人。過往，草廠居民主要拜祭他們的西國大王，而不會前來拜祭李靈仙姐；薄扶林村村民同樣也不會來拜祭西國大王廟。在祭祀上從互不相拜，演變為後來薄扶林火龍前往西國大王廟參拜，意味着當地社會出現了一個重要的歷史變化，因此下一節將會介紹牛奶公司薄扶林牧場和草廠的歷史。

劉永康 @ 康港劉影（攝於 2019 年）

第三節
牛奶公司牧場與開埠後的薄扶林村

牛奶公司牧場的興建是薄扶林發展的一個轉捩點，深切影響到這個區域的社會結構。那為何牛奶公司會選擇在薄扶林興建牧場呢？這與香港政府針對薄扶林的地方發展有關。

1844 年，任職香港護理總督（Administrator of Hong Kong）的莊士敦（Alexander Robert Campbell-Johnston, 1812-1888）在當時於《倫敦皇家地理協會雜誌》（*The Journal of the Royal Geographical Society of London*）發表了一篇名為〈香港島札記〉（Note on the Island of Hong-Kong）的文章，記述薄扶林（Pok-Foo-lum）「地處海拔約 500 呎以上，擁有可俯覽西南諸島以至澳門的景緻」。[38] 寥寥數句已道出薄扶林在英人眼中的地理特點，而這特點也正正影響着該地日後的發展。

據港府 1856 年向殖民地部呈交的報告，薄扶林地處港島南隅，海風由西南而至，吸引了若干人士申請用地，圖興建平房（Bungalows）作避暑休假之用。[39] 同年，港府以公開拍賣的方式出售 8 幅位於薄扶林的農場地段（Farm Lot）。[40] 文件顯示，港

38 A.R. Johnson, "Note on the Island of Hong-Kong", *The Journal of the Royal Geographical Society of London*, Vol. 14 (1844), pp. 113-114.

39 CO 129/56 Despatches: 1856 June, p. 287.

40 *Hongkong Government Gazette*, 21 June, 1856, p. 1.

府相信薄扶林農場地段的發展，有助提升香港在廣州商人社群之間的形象，同時誘使官員放棄澳門作為夏日避暑休假之地。[41] 而早在拍賣前數月，港府招標承投香港仔道（Aberdeen Road）的擴闊及改善工程，並説明工程與上述土地拍賣有關。[42] 1861 年，港府在薄扶林興建一座警署，保護當地農場業主和吸引更多維多利亞城居民到此建置別墅，亦使通往香港仔的道路更安全。[43]

開埠後香港人口增加[44]，在短短 15 年間增幅超過 4 倍，導致香港對食水需求增加，山澗和水井已經難以滿足香港人的食水需要，為此港英政府採納了英國皇家工程部羅寧（Rawling，生卒年不詳）的建議，選擇在薄扶林興建水塘。王韜的三篇香港遊記——〈香港略論〉、〈香海羈蹤〉、〈物外清遊〉，都描述了薄扶林一帶的自然及人文景觀，其中以當地洋房別墅為描寫對象的篇幅最多，例如「博胡林地處山腰，林樹叢茂，泉水淙潺，英人購別墅其間，為逭暑消夏之所」。[45] 可見薄扶林水源充足這個地理特徵在當時已頗具盛名。雖然薄扶林水塘的工程需要截取瀑布灣的水源，導致瀑布灣的瀑布失去大量水流，風采大減，但卻是薄扶林第一個重要工程，而薄扶林水塘亦主要為港島北部供應食

41 CO 129/56 Despatches: 1856 June, pp. 288-289.

42 *Hongkong Government Gazette*, 29 March, 1856, p. 6.

43 CO 129/77 Despatches: 1860 Jan. -June, p. 87.

44 1845 年香港人口總計有 23,817 人，到了 1859 年香港人口已經達到 86,941 人，詳見：Registrar General's Office, Census Returns of various years between 1853 and 1876, reported in *Hong Kong Government Gazette*, various years.

45 【清】王韜：〈香港略論〉，《弢園文錄外編》卷 6（中華書局點校本，1959 年），頁 179。

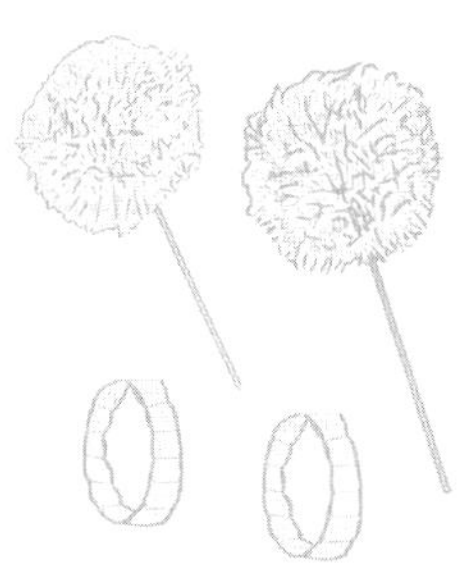

水。薄扶林水塘在 1863 年建成，並於 1866－1871 年間多次擴建，以解維多利亞城居民食水不足的問題。

薄扶林的地區發展吸引了歐洲商民，如葡萄牙籍華裔商人約翰·李美度士（João Joaquim dos Remedios，1807-1878），在 1856 年以 145 元買入位於薄扶林村以西毗鄰薄扶林道近水處的第 18 號農場地段。[46] 1873 年，來自法國的天主教傳道會——巴黎外方傳道會從約翰·李美度士買入他位於薄扶林的別墅，並在 1875 年興建了一所名為伯大尼修院的療養院。療養院選址薄扶林，源於 1873 年負責傳道會來華行政工作的香港教區司帳奧賽神父（Pierre-Marie Osouf, 1829-1906）在薄扶林的考察。據他了解，位處山上的薄扶林，海風源源不絕，環境安全，坐轎前往維多利亞城區的醫生診所和雜貨店只需一小時的路程，交通便利。療養院成立後，在薄扶林牧養乳牛，以提供牛奶給療養院病人。[47]

牛奶是歐美各國人士日常之飲料，在殖民管治初期，有牛隻從英國本土及澳州殖民地引入香港，經餵飼穀物及適當照料後的乳牛所產生的全脂奶（rich milk）供應充足。[48] 牛奶品質和衛生也成為政府和報紙的關注，香港牛群在 1885 年爆發了一場

46 Stuart Braga, *Making Impressions: The adaptation of a Portuguese family to Hong Kong, 1700-1950*. Macau: Instituto Internacional de Macau, 2015, p. 179.

47 樂艾倫：《伯大尼與納匝肋：英國殖民地上的法國遺珍》（香港：香港大學出版社，2011 年），頁 25-26，46-48。

48 CO 129/10 Colonial Outward Correspondence: Sir H. Pottinger: 1841-1844, p. 77; *New South Wales Government Gazette* (Sydney, NSW: 1832-1900), Friday 18 April 1845 (No.31), p. 409. Retrieved from: http://nla.gov.au/nla.news-article230362307（讀取日期：2022 年 6 月 13 日）

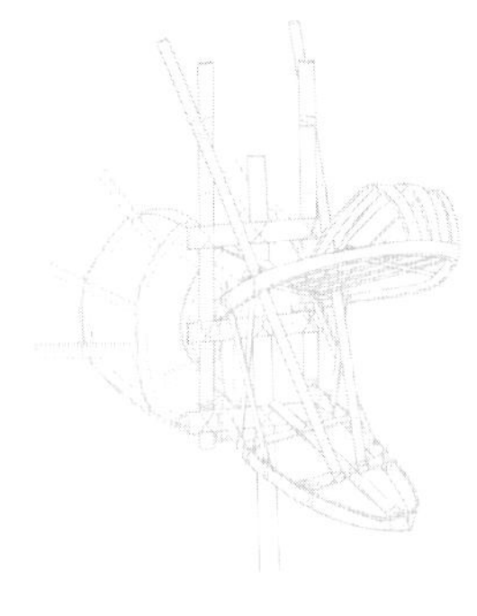

肺炎，有輿論關注到香港歐洲人社群一直面對由本地牛奶房執業人（native dairymen）所提供之牛奶的風險，特別是這些牛奶房執業人無法取得來自乾淨水源的食水供應。報章提到香港的傷寒（typhoid fever，或譯「腸熱症」）個案可溯源至使用受污染的牛奶，提醒牛奶是嬰兒及病患唯一的飲食，本地的牛奶供應獲得嚴格監控。[49] 牛奶公司（Dairy Farm Company）正是在這樣的歷史背景之下誕生。

1886 年，正在香港行醫，時年 42 歲的蘇格蘭籍醫師白文信（Dr. Patrick Manson，1844-1922，又譯「萬巴德」）發起設立牛奶公司，並獲遮打爵士（Sir Catchick Paul Chater，1846-1926）等五名商人投資，在薄扶林設立牧場。

根據白文信所撰寫的招股章程（Company's Prospectus），牛奶公司牧場的選址條件如下：（一）需要接近人口中心；（二）免於受市區飼養牛隻感染疾病的風險；（三）有良好的食水供應；（四）有機會供牧草之地。[50] 牛奶公司牧場最終選址薄扶林，當年本地英文報章的輿論亦評價道，牧場位於全殖民地最健康的地方之一。乳牛獲安置在大型的通風建築中，夏季迎來發自西南的新鮮海風，冬季得太平山及鄰近山巒阻擋寒冷的東北季候風吹襲；而薄扶林與人口稠密的維多利亞城隔離，卻又有四公里的馬路連接，方便運送牛奶；更重要的是當時薄扶林水塘仍然是全港

49 "Milk as a Carrier of Disease", *China Mail*, 4 October, 1886.

50 Dairy Farm, Ice and Cold Storage Co. Ltd. *The Dairy Farm Ice and Cold Storage Co., Ltd., Hong Kong 1886 to 1919.* Hong Kong: The Company, 1919. p. 21.

白文信爵士肖像

資料來源：*The Dairy Farm Ice and Cold Storage Co., Ltd, Hong Kong 1886 to 1919*. Hong Kong: The Company, 1919.

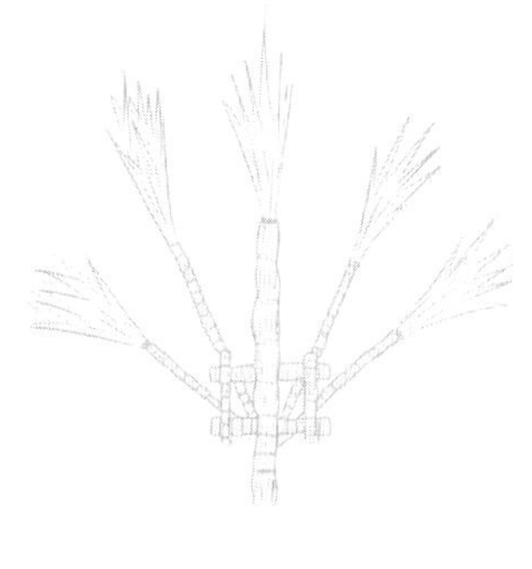

唯一的公共水塘（大潭水塘在 1888 年才落成），為牧場提供了充裕而安全的食水，以應付牛奶生產的基本要求。在考慮以上條件下，牛奶公司決定牧場設於薄扶林道西旁，伯大尼療養院以南的地方，與薄扶林村只有一路相隔。[51]

1887－1895 年間，牛奶公司的銷售額和毛利持續上升，但並非一帆風順。1896 年 3 月初，薄扶林牧場首度爆發牛瘟，牛奶公司經營慘遭挫敗。薄扶林牧場的 190 隻乳牛最終只有 30 隻生還，使牛奶公司瀕臨破產邊緣，幸得美籍牙科醫生兼商人 Dr. Joseph Whittlesey Noble 注資重組，牧場才得以繼續營運。[52] 經此一疫，牛奶公司在往後十多年不斷在薄扶林購買農場地段，興建更多牛棚，確保一旦其中一所牛棚的乳牛染疫，亦可即時隔離。但牛奶公司牧場的擴張，變相減少了薄扶林村的田地和村民的活動範圍。

如 1901 年，植物及林務部監督發現一條位於牛奶公司物業旁邊，由薄扶林道延至臨海的農場地段第 26 號的小徑被牛奶公司用關閉的閘門封鎖，關閉閘門的原因是阻止其乳牛偏道，走上

51 丁新豹：〈薄扶林區與太古樓歷史發展概覽〉，見夏其龍：《內外縱橫太古樓——太古樓與薄扶林區歷史發展》（香港：香港中文大學天主教研究中心，2012 年），頁 8；"Milk as a Carrier of Disease", *China Mail*, 4 October, 1886; Antiquities Advisory Board. *"Historic Building Appraisal of the Old Dairy Farm in Pok Fu Lam, Hong Kong — Cowsheds, Bull Pen and Paddocks"*. Antiquities Advisory Board. 2017, p. 1.

52 "Untitled", *Hong Kong Daily Press*, 12 March, 1896. "The Cattle Plague at Pokfulam", *Hong Kong Daily Press*, 18 March, 1896. "Cattle Disease at Pokfulum", *Hong Kong Daily Press*, 28 March, 1896. The Dairy Farm Ice and Cold Storage Co., Ltd, Hong Kong 1886 to 1919, p. 23.

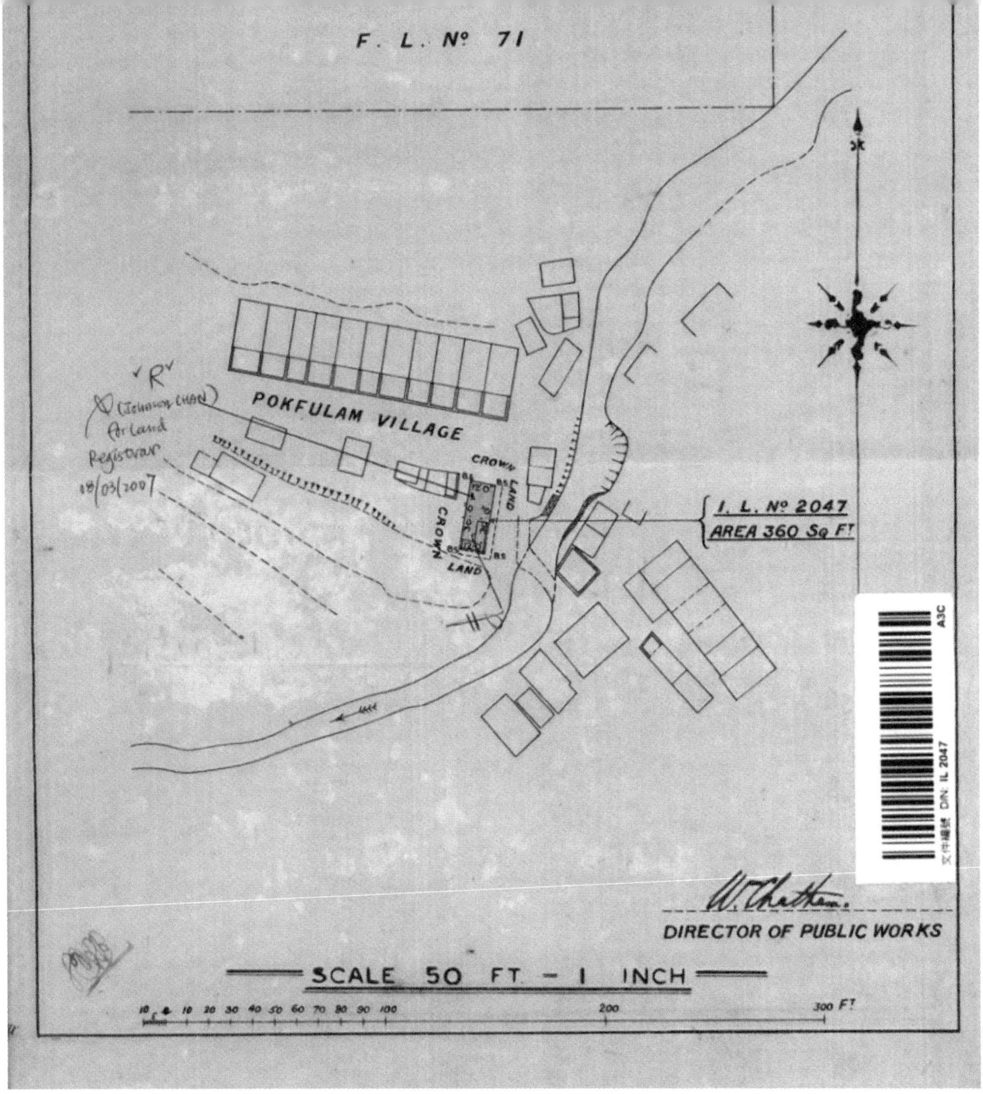

內地段第 2047 號官契附圖
資料來源：香港土地註冊處

薄扶林道，但這條小徑卻也是薄扶林村村民多年來前往耕地的路徑。[53] 又例如 1907 年工務司報告指出，牛奶公司欲購買大批位於薄扶林的土地，並提及牛奶公司考慮到保護牛群於任何可能的感染來源，希望取得被標記為「寮屋居民及部分年度租約下佔有耕地（Cultivated Land occupied by squatters and partly held under annual lease）」和「村屋、地（Village Land and House）」的土地，及請求當局向他們保證，一旦成功收購所有寮屋，他們會獲批 75 年租約。[54] 無論是封閉路徑，或是要求長期租批寮屋土地，牛奶公司的策略都是減少他們視之為衛生問題的寮屋，盡量增加公司能管理的土地，這無疑也減少了村民居住和活動的範圍。

53 香港政府檔案處歷史檔案館館藏：HKRS 58-1-18-57 Road off Pokfulam Road-Recommending Reopening of a-, 20.11.1901-22.11.1901.

54 香港政府檔案處歷史檔案館館藏：HKRS 58-1-41-15 Land at Pokfulam-Dairy Farm Co. Ltd. desire to acquire for housing cattle, 31.08.1907-27.12.1922.

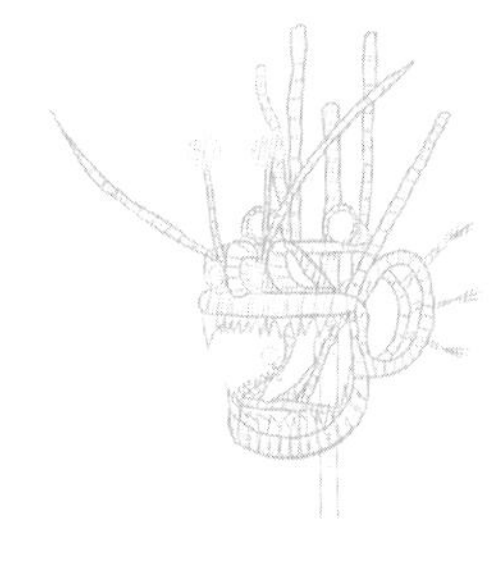

從現今薄扶林村 87 號老屋的由來，可窺探這早年薄扶林牧場與薄扶林村因應土地需求和衛生所產生的緊張關係。薄扶林村 87 號的地段編號原為內地段第 2047 號（Inland Lot No. 2047），由村民鍾陳氏（Chung Chan Shi）始在 1913 年向政府租用。地段位於薄扶林村圍仔大街的盡頭（見上頁內地段第 2047 號官契附圖），今村民稱其為「樓仔」，為全村絕無僅有的內地段。老屋的故事可以由一場 1912 年發生在薄扶林村的大火説起。1912 年 10 月 14 日早上，薄扶林村發生了一場大火，七間木屋連同其住戶的大部分財產都被焚毀。報道指，這些村舍位於薄扶林道牛奶公司入口，火勢有蔓延至牛奶公司房舍的危險。[55] 翌年 1 月 21 日，工務司向輔政司匯報受上述火災影響的區域位於牛奶公司主要入口對面，而牛奶公司視這些木屋為潛在污染源頭（possible sources of contaminations），為防止它們獲重建，故向政府申請租用這區域作「農地地段」。是次受影響的土地包括薄扶林村地段第 26－30 號，皆可按政府的需要而收回。港督贊同工務司署移除受災區域寮屋的建議，明確指出此舉是為了便利牛奶公司。當年薄扶林村地段第 27 號的業主正是鍾陳氏，原有業主鍾錄（Chung Luk）是她的丈夫，兩人於 1870 年代才定居薄扶林。房舍於 1905 年在鍾錄離世後由鍾陳氏繼承，卻在 1912 年 10 月的火災中焚燒殆盡。鍾陳氏一度在上址重建房屋，但不久便被政府要求拆卸並收回土地，遂向政府呈請，念在她居住在上址超過 40 年，容許她繼續佔用上址或在薄扶林村批出另一幅地段予她。

55 "Outbreak at Pokfulam: Seven Cottages Destroyed", *South China Morning Post*, 14 October, 1912.

二十世紀初牛奶公司薄扶林牧場苦力宿舍
資料來源：*The Dairy Farm, Ice and Cold Storage Co. Ltd., 1886-1919*. Hong Kong: The Company, 1919.

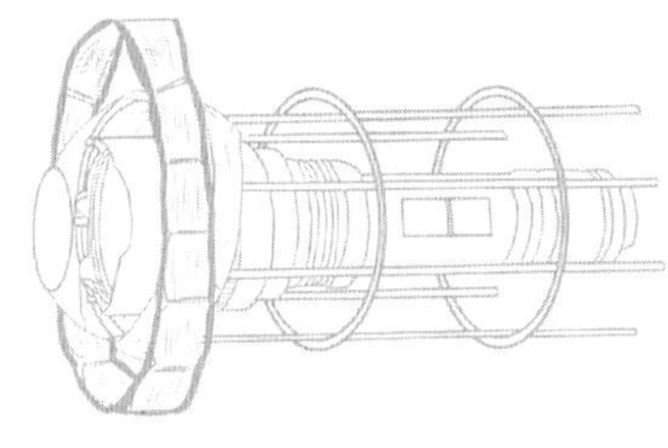

工務司認為，這些寮屋居民的麻煩在於他們無法負擔永久建築的興建，由他們所建的臨時茅舍很快便會變得不潔，並成為火災的源頭。至於賠償問題，工務司指出，其他受影響的村民已接受 80 元的賠償，若然鍾陳氏承諾興建永久建築，當局仍會考慮批地給她。這幅土地正是內地段第 2047 號，而其中一個條件是鍾陳氏需要向政府繳交 12 元以設置由工務局提供的界石，這界石至今仍然存在。[56]

1926 年 7 月，潔淨局的鄉村潔淨小組委員會發表報告，批評薄扶林村衛生狀況欠佳。報告指出，薄扶林村是一個存在了超過一個世紀的鄉村，人口約 650 人，村民種菜和養豬自用，蒼蠅與蚊子在此滋生。報告續指，不少現代化房屋在薄扶林村的鄰近地區興建，薄扶林正成為一個重要的住宅區；又提及牛奶公司牧場近在咫尺，認為薄扶林村的存在會影響本地主要牛奶供應的純淨，並指殖民地獸醫官也支持他們的論點。[57] 從這則報道及以上案例可見，在牛奶公司和薄扶林村村民的利益之間，政府往往選擇前者，導致土地發展政策傾向牛奶公司一方。牧場佔地面積和牛房數目增加，變相局限了薄扶林村向外發展的空間，甚至使村落時常面對政府收地的壓力。

56 香港政府檔案處歷史檔案館館藏：HKRS 58-1-67-6 C.S.O. Files in the Land Office-Crown land opposite Dairy Farm Co's Premises, Pokfulam-Application of Dairy Farm Co. For Purchase, 21.1.1913-17.4.1914." *Report of the Squatters' Board on the claims of Squatters in and near the Villages of Pokfulam, dated 26 day of January 1893*"，收錄於香港政府檔案處歷史檔案館館藏：HKRS 835-1-68 Pokfulam Village Lots-General Policy, 02.02.1959-19.11.1969.

57 "Village Sanitation: Report To the Sanitary Board", *South China Morning Post*, 14 July 1926.

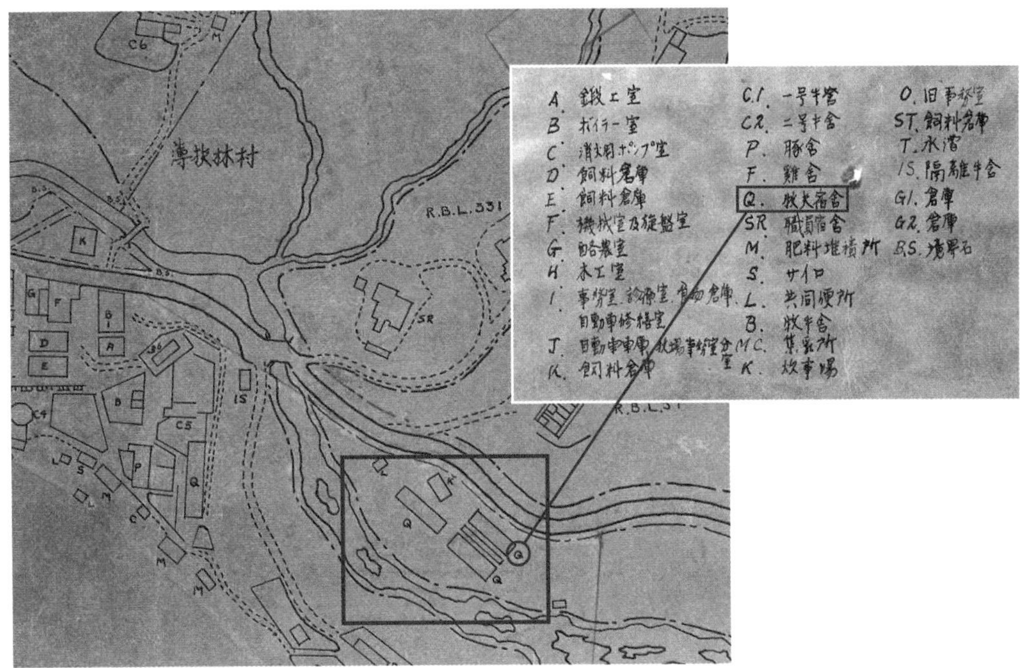

1941—45 年日本香港佔領地總督部管理香港牧場地圖顯示草廠村的部分（香港政府檔案處歷史檔案館館藏：MA 002468 Plan Of Hong Kong Farm At Pokfulam During The Japanese Occupation Between 1941-1945）

牛奶公司對薄扶林村以至整個薄扶林區的發展影響深遠，最明顯的例子可以體現在人口的增長。在 1871 年，薄扶林區人口只有 374，到了 1921 年薄扶林區人口在 50 年之間增加到 1,784 人，增幅超過 4 倍，原因與牛奶公司息息相關，1921 年的人口統計報告更明確指出，薄扶林區人口依賴薄扶林牧場維生。[58] 牧場帶動就業機會，變相吸引更多人搬遷到薄扶林區居住，而這亦開始改變原本主要以務農維生的薄扶林村的經濟型態，不少薄扶林村村民開始為牛奶公司打工，包括：看牛、當牧童、運送牧草或牛奶的司機，甚至電話接線等工作，無疑增加了許多就業機會。[59]

58 *Report on the census of the colony for 1921*. p. 154, 172.

59 丁新豹：〈薄扶林區與太古樓歷史發展概覽〉，見《內外縱橫太古樓 —— 太古樓與薄扶林區歷史發展》，頁 9。

牛奶公司通過外判，聘請了一批來自廣東海陸豐地區的人士從事割草餵牛的工作，並設置了三棟位於薄扶林道下山谷（今西國大王廟）的工人宿舍供他們住宿。由於這批工人都參與割草工作，所以這三棟工人宿舍被合稱為「草廠」，又因為居民以被稱為「鶴佬人」的海陸豐人為主，故此亦有「鶴佬寮」之名。[60] 工人由幾位如江姓、林姓的領班管理，領班之上有卓姓判頭。判頭是客家人，而不是海陸豐人，他能成為判頭是因為二戰時保護牛隻有功。[61] 繪製於 1942 至 1945 年間，日本香港佔領地總督部管理香港牧場地圖為最早一份明確地顯示這三棟工人宿舍建築的地圖，當中記有三座「牧夫宿舍（Q）」，範圍內亦有一座被標為「共同便所（L）」的公共廁所及被標為「炊事房」的公共廚房。[62] 這批海陸豐工人雖然被稱為「散仔」，但隨着他們人數愈來愈多，加上他們也攜帶妻兒遷入，所以便在三棟「草廠」附近的山頭興建其他較簡陋的房屋作居所，逐漸在當地組成了一條以海陸豐人為主的村落。[63]

在「草廠」村內，有一所由海陸豐人工人興建和供奉的西國大王廟。該廟據説建於 1900 年，興建原因是工人要在凌晨工作，但有工人聲稱在牛房附近遇上鬼怪，遂請西國大王坐鎮，因有説法指西國大王是管理陰間鬼魂的神明；另有一説法，畜牧業

60 2020 年西國大王廟盂蘭勝會考察，2020 年 9 月 1 日。

61 2020 年西國大王廟盂蘭勝會考察，2020 年 9 月 1 日。另外，根據薄鳧林牧場 Pokfulam Farm 的展覽，卓姓判頭為海陸豐人。

62 香港政府檔案處歷史檔案館館藏：MA 002468 Plan Of Hong Kong Farm At Pokfulam During The Japanese Occupation Between 1941-1945.

63 2021 年西國大王廟盂蘭勝會考察，2021 年 8 月 21 日。

往往容易感染疫症，而西國大王具有醫治人們的法力，所以工人供奉西國大王以求保佑。[64] 西國大王廟，正是現今舞火龍途經祭拜的地方之一。

西國大王廟的祭祀活動一年主要有兩次，一次為農曆七月十四日辦「盂蘭勝會」，另一次為農曆十二月十六日尾牙的「西國大王神誕」。西國大王廟除了拜祭主神西國大王外，亦會附祭其他神明，例如土地公、福德老爺、東山姑婆和寫上「諸位福神」的神碑。福德老爺位置原先靠近馬路旁，因為馬路擴建所以遷往此處。東山姑婆原是家神，奉祀於草廠內。三棟「草廠」分別名為「老廠」、「新廠」和「佛祖廠」，「老廠」和「新廠」的居民是有妻兒一同居住的家庭；「佛祖廠」因廠內有一塊佛祖神牌而得名，是單身男性工人的居所，內裏只有單人床位。東山姑婆和「諸位福神」的神牌便放置在「佛祖廠」內。及後「草廠」居民遷離，「草廠」火災焚毀，居民便把這些神牌遷入西國大王廟。[65]

據生於 1939 年，前「草廠」村民江森先生所説，西國大王是他祖父用一道符由家鄉汕尾石奎村（舊稱「石龜」）帶過來，西國大王廟起初由他的祖父打理，其後改為輪流管理，何時改變已不能考。他的祖父在二十世紀初隻身前來香港薄扶林打工，並

64 2020 年西國大王廟盂蘭勝會考察，2020 年 9 月 1 日；2021 年西國大王廟盂蘭勝會考察，2021 年 8 月 21 日；陳康言：〈消失村落的重聚香港薄扶林道西國大王廟的盂蘭勝會〉，載《田野與文獻》，第 82 期（2016 年），頁 23-28。

65 2020 年西國大王廟盂蘭勝會考察，2020 年 9 月 1 日；2021 年西國大王廟盂蘭勝會考察，2021 年 8 月 21 日。

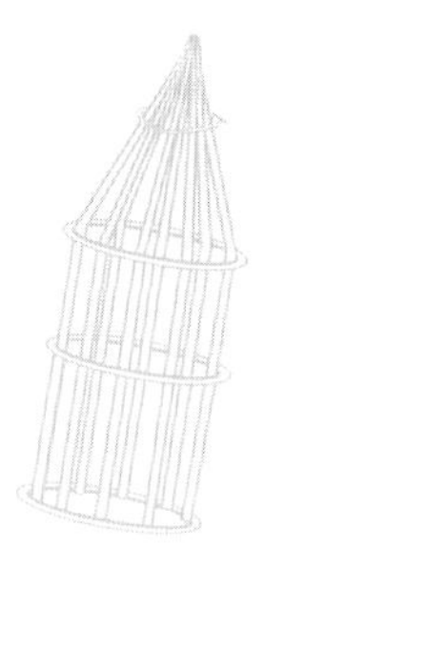

非第一批當地散工，當時已經有約七八十位同鄉在工作。後來江森祖父在薄扶林成為領班，招募其他同鄉前來工作。到第二次世界大戰的時候回鄉避難，最後於故鄉過身。到 1948 年，江森的父母帶着當時只有 8 歲的他三人一起來到薄扶林，之後一直居於「草廠」，儘管「草廠」原來的宿舍已被清拆，「草廠」居民各散東西，但每逢西國大王誕他都會前來參與。[66]

牛奶公司牧場的出現，重新界定薄扶林村這片區域的管理版圖，也把新群體 —— 海陸豐人帶進。他們興建了自己的村落「草廠」和供奉西國大王的廟宇。儘管舞火龍隊伍前往西國大王廟拜祭只是近十幾年才出現的事情，但卻意義重大，代表了不同族群的融合，也意味着薄扶林由村落到社區的轉變，以及火龍在社區變化中的適應。

小結

本章簡介了薄扶林由村落演變為社區的經過，當中經歷了三段歷史：第一段是十九世紀中村落發展的歷史，我們知道在香港島西南一角有一排排屋，住了約 53 人。附近的山林、農田和海灣，是他們的活動範圍；樹上野果、農地出產和海中漁獲供他們

66 關於西國大王也有另一說法，西國大王是由汕尾湖田，由一位名為林寬用一條草請過來，林寬是江森的外父，據說湖田也有一所西國大王廟。西國大王廟盂蘭勝會考察；江森先生訪問，2021 年 8 月 21 日。另有一說法是有人帶香爐回鄉，半路中途獲先人報夢，表示不願回鄉，所以就留在此處。參考陳康言：〈消失村落的重聚 —— 香港薄扶林道西國大王廟的盂蘭勝會〉，載《田野與文獻》，第 82 期（2016 年），頁 23-28。

生活所需。為了答謝土地神保佑村民在這片土地上生活，他們在排屋前後設立土地壇，定期拜祭，也同時建立起以地緣祭祀為核心的凝聚力。

第二段歷史是十九世紀後期至二十世紀初的歷史，薄扶林的風水地理格局是「三水環村」，水源充足，吸引政府於 1863 年在此興建水塘，三水匯集之處加上水塘工程，造成了一個需要由李靈仙姐塔「鎮住」的排水暗渠出口，李靈仙姐塔興建年份已不可考，只知重建於 1916 年，而仙姐塔背後不論是羅姓道士的鬥法或是周華娣女士的問卜，其實都是與大量人口遷入村內相對應，到最後李靈仙姐誕成為一個需要動員全村一連舉行三日四夜的盛大節慶。

第三段是牛奶公司牧場所帶來的歷史，薄扶林享有涼快西南風的獨特地理環境，吸引了西人遷入，也成為西方教士療養之地。為提供具營養的牛奶給病患教士，療養院便在當地飼養乳牛，牛奶公司在這些基礎上於 1886 年在此興建牧場，牧場出現帶動當地經濟發展和人口增長，牛奶公司牧場聘請外判工人處理割草、揸牛奶、拾牛糞等基層工作。這些工人多數來自海陸豐，也把他們故鄉的神明西國大王請來此地，並形成一條具族群特性的村落——「草廠」。自七十年代牧場停止營運後，「草廠」村民各散東西，但供奉西國大王的廟宇仍然存留，後來也成為薄扶林舞火龍路線其中一站。

有村落便有地方神明，村落歷史發展與村內神明祭祀息息相關。薄扶林村落由「十八間」為起始，面對不同的華洋新鄰舍，

經過各種融合，成為了現時的薄扶林社區。在這段歷史中，對村民來說，土地壇、李靈仙姐和西國大王都是在這段歷史中保佑他們的神明，每一個祭祀點背後都代表着不同的地緣、群體和歷史，雖然它們各具意義，但同時也是互不相干的「方塊」，舞火龍正好把村內不同的「方塊」串連起來，構成一個薄扶林社區的整體，這也是薄扶林舞火龍的意義。

劉永康 @ 康港劉影（攝於 2019 年）

劉永康 @ 康港劉影（攝於 2018 年）

劉永康 @ 康港劉影（攝於 2019 年）

第五章

舞火龍的組織與傳承

在長達三年的田野調查中，研究團隊發現舞火龍的組織與架構在不同時期均有其特色，小至衣着，大至活動主辦者，均有微妙變化。據村民所言，在六七十年代，薄扶林村舞火龍活動是由不同村民各自舉辦，每逢中秋便有多條火龍相繼出現，場面熱鬧卻沒有統一性。及至七十年代初，因薄扶林村在舞火龍期間發生打鬥，活動一度被禁，直至八十年代末，以統一籌辦方式復辦舞火龍活動，村內又恢復熱鬧的舞火龍景象。最後發展至今，現時中秋節薄扶林舞火龍的活動，已由薄扶林村火龍會（簡稱火龍會，下同）主辦。本章旨在闡述薄扶林村舞火龍從分散活動演變為統一籌辦的這段發展歷程，當中涉及不同組織之間的傳承與權力分佈。

本章合共分為三節，第一節是關於戰後薄扶林村的地方組織；第二節是舞火龍的組織傳承和火龍會的組織架構；第三節講解火龍會現時籌辦活動時面對的挑戰和回應。在本章，期望與讀者一同打開背後籌備舞火龍活動的細節與規程，進一步了解薄扶林村舞火龍的發展脈絡及規模。

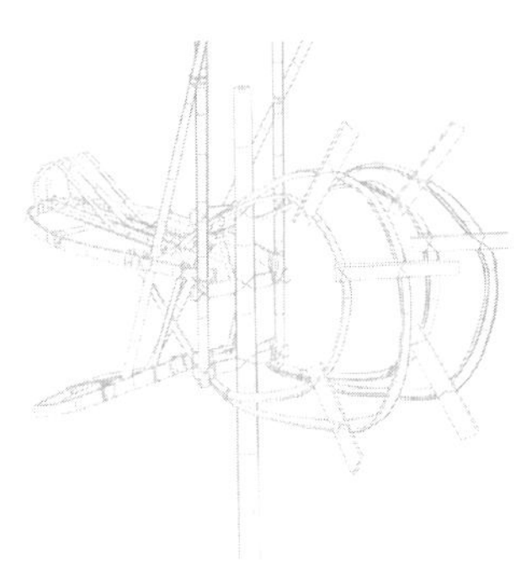

第一節
二戰後薄扶林村的地方組織

二戰後薄扶林村地方組織的發展，以 1967 年薄扶林村居民福利會演變為後來的薄扶林村街坊福利會為核心，它們也是籌辦舞火龍活動的組織。如要闡述薄扶林村的地方組織歷史，其脈絡實可追溯至日佔時期。1942 年 9 月，日佔政府在區政制度之下，設有鄰保班長制，在各區每條街道選出鄰保班長若干名，負責處理該街道的民生事宜，薄扶林村分為甲、乙、丙、丁四段，由居住在該村第 109 號的宋官連、第 73 號的曾桂、第 96 號的陳貴和第 8 號的黎兆出任鄰保班長一職（見後頁《香島日報》剪報圖）。[1] 當中，陳貴為薄扶林村原居民陳氏族人，據陳貴的女兒、前任薄扶林村街坊福利會理事長陳佩珍女士所稱，其父早年行船，略懂日文，所以在日佔時期曾經為薄扶林村村民向日本人交涉取米。[2]

戰後初期，陳貴與其他村民積極推動薄扶林村的地方發展，例如辦學。當時薄扶林村人口及經濟迅速恢復，有村民在 1948

1 〈香港佔領地總督部區制〉，《香島日報》，1942 年 7 月 20 日；〈港九各區議會會員名單發表〉，《香島日報》，1942 年 8 月 7 日；〈當局圓滑推行區政 選定各街遴保班長〉，《香島日報》，1942 年 9 月 22 日；〈各區鄰保班長題名 —— 元港區〉，《香島日報》，1942 年 10 月 5 日。

2 陳貴又名陳譚貴；薄扶林村街坊福利會：《薄扶林村中秋火龍百年慶典：紀念特刊》，頁 14；陳佩珍女士訪問，2021 年 5 月 26 日。日佔時期，薄扶林村也出現過一個名為「薄扶林村維持公所」的組織，配給米糧，今薄扶林村菜園居民甘志文仍保存一份由他爺爺甘鐵鍾所留下來的民國卅三年（1944 年）「維持費簿」，詳見：明愛社區發展服務：《薄扶林村 —— 太平山下的歷史聚落》，頁 67。

各區鄰保班長題名

元港區鄰保班長

氏名	住所	管轄街道
宋官連	薄扶林村一〇九號	薄扶林村甲段
曾桂	同上七三號	同上乙段
陳貴	同上九六號	同上丙段
麥兆	同上八號	同上丁段
李明能	同上太古樓二號	薄扶林太古樓
謝譚保	銅鑼灣村一八號	銅鑼灣甲乙段
鄧水	同上三號	同上村丙丁段
徐泰	同上二號	同上戊已段
黃貴	同上五三號	同上庚段
黃木桂	黃竹坑村六六號	黃竹坑村甲乙段
李鎔	同上一三七號	同上丙丁段
周耆	同上二〇號	黃竹坑舊村甲乙段
周志雄	黃竹坑舊村五五號	同上丙段
周耀	同上新村二號	黃竹坑新村甲乙丙段
馮林	鋼洲島屋仔	鋼洲島
李泰昌	扭杆山寮仔	扭杆山
吳榕根	博寮洲榕樹灣屋仔	博寮洲榕樹灣甲段
羅肆	同上	同上乙段
周榮玉	同上	同上丙段
周榮泰	同上	同上丁段
陳容福	北角舊村屋仔	同北角舊村甲段
陳宗根	同上	同上乙段
周富	同北角新村屋仔	同北角新村
何華	同索古灣寮仔	同索古灣村甲段
嚴通	同上屋仔	同上乙段
陳大富	博寮州大灣村屋仔	博寮州大灣村甲段
陳牛	仝	仝乙段
陳廷生	仝	仝丙段
陳貴金	仝茅蓮村屋仔	仝茅蓮村甲段
陳鼎德	仝仝	仝仝乙段
陳興富	仝仝	仝仝丙段
曾九	仝沙埔村屋仔	仝沙埔村甲段
周油	仝仝	仝仝乙段
陳財	仝太平村屋仔	仝太平村甲段
方棠	仝仝	仝仝乙段
曾天遊	仝仝	仝仝丙段
陳有發	同上蘆蘇城村屋仔	同上蘆蘇城村甲段
陳伯業	仝上	同上乙段
周樹發	博寮洲榕樹下村屋仔	同上榕樹下村
姚富	同上陸洲村屋仔	同上陸洲村
周蓮根	同上橫朗村屋仔	同上橫朗村
周達生	同上高朗村屋仔	同上高朗村
吳連	同上蘆荻灣村屋仔	同上蘆荻灣
周英福	同上東澳村屋仔	同上東澳村
黎源	艇號四三三九A	鴨巴甸海第一段
布美	仝二九八七A	仝第二段
林立志	仝六五〇二A	仝第三段
馮達明	仝三七三四A	仝第四段
陳平	仝五四六〇A	仝第五段
鍾志坤	仝五四五八A	仝第六段
郭北根	仝三九六四Y	仝第七段
陳植華	仝七五七七A	仝第八段
黃冠雄	仝八二一六A	仝第九段
馮耀宗	仝一六八A	仝第十段
冼啓蘭	仝七九一一A	仝第十一段
樊炳	仝七〇〇〇A	仝第十二段

〈各區鄰保班長題名 —— 元港區〉，《香島日報》，1942 年 10 月 5 日

約翰紀念日 今晨舉行禮拜

港督夫婦蒞教堂參加

【報專訊】今日爲聖約翰紀念日，香港聖約翰救傷隊爲對全隊精心啓示最崇高之信仰，貫澈實際行動，於今晨十時假座花園道翰禮拜堂，舉行禮拜儀式。量洪爵士夫婦今晨十時親到花園道聖約翰大禮拜堂參加，並讀馬太福音一節。到聖約翰大禮拜堂守禮拜者，計有，[illegible]夫蔣洪賢、郭贊、麥士維、胡希德、鄧雕堅、高詩雅夫婦、鄧鎮馮炳勳夫人等，及聖約翰救傷隊男女護士百餘人。堂鐘聲於九時五十分鏗鏘然作響，聖約翰救傷隊男女護士魚貫，港督葛量洪爵士夫婦準時到教堂。約翰宗教儀式，首奏英國國歌，繼由該堂主任牧師引導齊誦主。繼由港督讀聖經一節（馬太福音第二十五章第三十節至四十）。繼唱聖詩。由龐德明牧師用粵語講道及祈禱。聖約翰日之宗教儀式，於是，十時二十五分，港督偕夫人乘車返督轅。（戰）

圖為薄扶林村官立小學校舍，左旁之石屋為原有村民營辦小學
（〈薄扶林村小學 新建校舍落成〉，《工商晚報》，1955 年 6 月 26 日。）

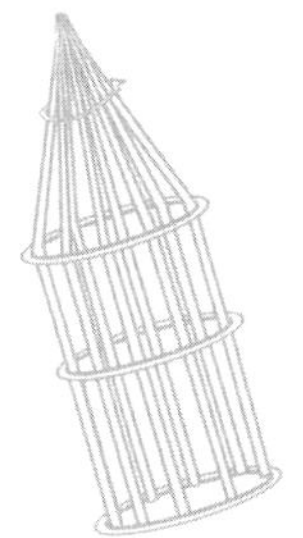

年向外界稱，全村約有 2,000 人，大多務農為生，亦有外出從事工商業者。[3] 當年「港九牛奶公司華人職工互助社」於薄扶林村內開辦「牛奶職工子弟學校」，但只限於招收牛奶公司職工之子弟。[4] 據報章報道，當時村民估計薄扶林村有 200 名兒童失學，遂發起籌建「薄扶林村小學」，其中「建校籌備委員會」的「主持人」包括陳貴、陳添、黃福、胡款、楊生、湯偉臣、曾貴等人。[5] 薄扶林村村民辦學一事獲當時香港社會各界人士（見後頁「薄扶林村小學」捐款者芳名表）支持，其中包括在當地出生，有「的士大王」稱號的中央的士公司東主胡忠捐助鉅款，以及薄扶林村菜園地主羅發將村前曠地一段撥出建校。[6] 薄扶林村小學可容納大概 160 名學生，村民亦預留了大概 40 個學額供牛奶公司工人子女就讀。[7] 1951 年 3 月 1 日，薄扶林村小學落成，並舉行開幕典禮，由胡忠任該校校董會主席，商人陳南昌、村民陳貴等任校董，以及胡忠長子胡文瀚任校長。[8]

3 〈薄扶林村籌建小學〉，香港《工商日報》，1948 年 3 月 1 日。1931 年港府人口報告顯示薄扶林區人口為 2,293 人；引自 *Report on the Census of the Colony of Hong Kong*, 1931, Sessional papers No. 5/1931, p. 103.

4 〈薄扶林村建校　收容失學兒童　求熱心者援助〉，《華僑日報》，1948 年 7 月 8 日；牛奶飲品食品業職工會：《牛奶飲品食品業職工會 —— 成立四十周年會慶特刊 1946－1986》（香港：該會，1986 年），頁 39。

5 〈薄扶林村籌建小學〉，香港《工商日報》，1948 年 3 月 1 日。

6 同上；〈薄扶林村建校　收容失學兒童　求熱心者援助〉，《華僑日報》，1948 年 7 月 8 日；〈薄扶林村建校 捐款踴躍〉，香港《工商日報》，1948 年 10 月 6 日；明愛社區發展服務：《薄扶林村：太平山下的歷史聚落》，頁 78。

7 香港政府檔案處歷史檔案館館藏：HKRS 156-1-1241 General Correspondence Files-Pokfulam Village School-New Site for, 23.01.1948-29.04.1948.

8 及至 1955 年，港府教育司署將薄扶林村小學收回營辦，增建一座樓高四層、可容納 250 名學生的新型校舍，改為薄扶林官立小學，並收容同年因牛奶職工子弟學校停辦而失學的兒童；〈薄扶林村公學 新校舍開學禮〉，《華僑日報》，1951 年 3 月 2 日。〈薄扶林村增建小學〉，《工商晚報》，1954 年 12 月 10 日；〈薄扶林村小學 新建校舍落成〉，《工商晚報》，1955 年 6 月 26 日；〈薄扶林村官立小學 下星期一準備開課〉，《華僑日報》，1955 年 9 月 3 日。

薄扶林村居民業餘遊樂社現址（由研究團隊拍攝於 2020 年）

「薄扶林村小學」捐款者芳名表（綜合自舊報紙）[9]

款項（港元）	芳名
5000	中央的士公司胡忠
1000	陳建邦、陳南昌、新的士公司
500	金銀貿易場、劉德根、邵蔚明等
300	何善衡、卓記銀號、恒生銀號、永達行、飛星汽車公司、銀龍汽車公司、同安潔具公司、鄭卓凡等
200	潘博文、永隆銀號等
30	九龍船塢吳湛、吳松等
10	吳維作、何煊、石娣、曾昌等
5	周俊武等

薄扶林村村民透過辦學而凝聚起來，村內也開始出現不同的地方組織。1949 年，村民（主要是薄扶林村內收入最為可觀的一班職業司機）組織「薄扶林村居民業餘遊樂社」(簡稱「業餘」)[10]，據陳佩珍女士稱，他父親是「業餘」的發起人之一，該社位處圍仔大街的現址（見後頁《華僑日報》報道圖）正是由他向政府申

9 〈薄扶林村建校 捐款踴躍〉，香港《工商日報》，1948 年 10 月 6 日；〈薄扶林村籌建小學捐欵踴躍快將興建〉，《華僑日報》，1950 年 9 月 12 日。

10 「景點簡介」，薄扶林村社區檔案館網頁：http://www.pflv.org.hk/tc/media.php?page=community&subsection=44&event=96（讀取日期：2022 年 6 月 13 日）。明愛社區發展服務：《薄扶林村 ——太平山下的歷史聚落》，頁 57。

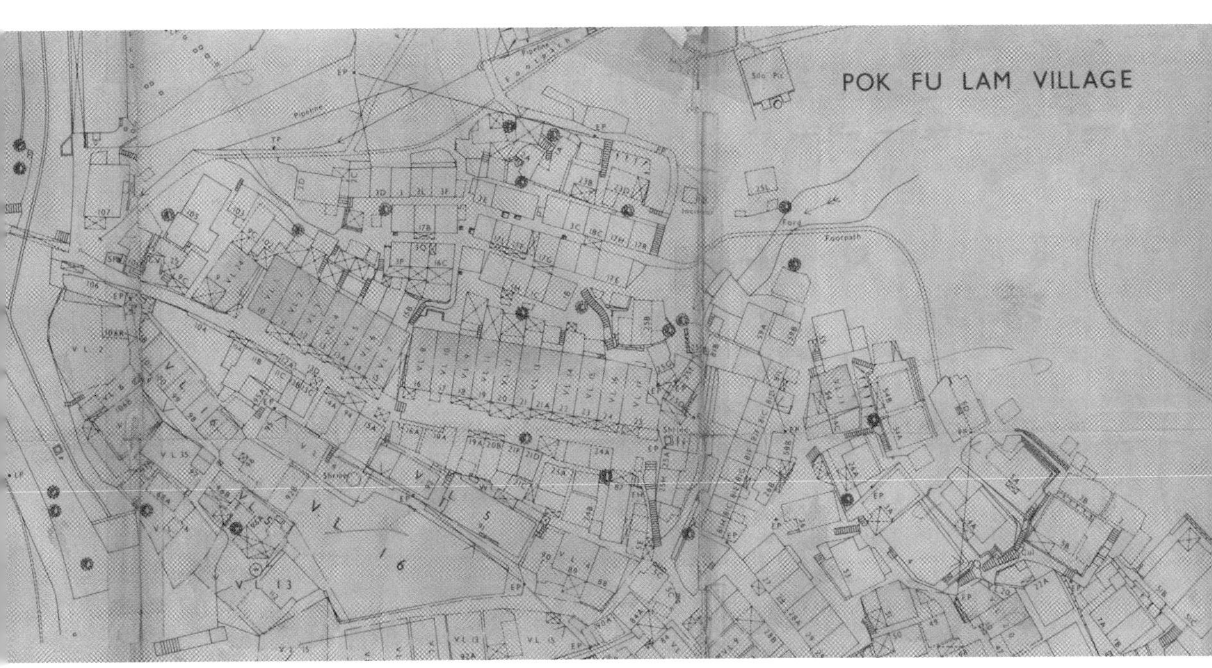

1969 年薄扶林村地段官契圖則顯示薄扶林村第 15 號 A 位置
資料來源：香港土地註冊處文件

1967 年薄扶林村居民福利會成立典禮合照（〈薄扶林村福利會第一屆職員就職〉，《華僑日報》，1967 年 12 月 25 日）

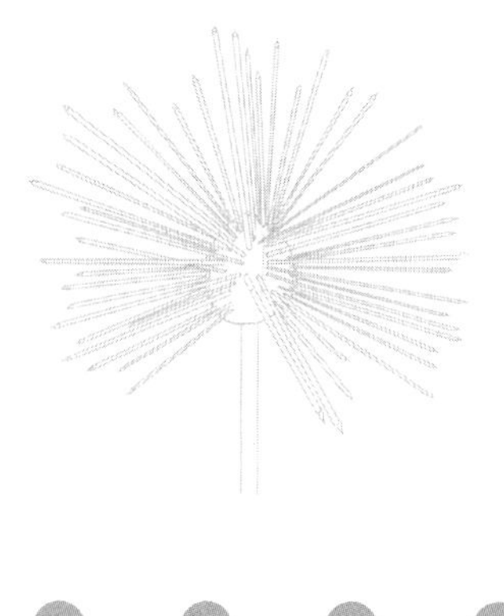

請。[11] 前薄扶林村街坊福利會火龍國術醒獅總教練吳江南師傅指，「以前百聯即係宜家業餘，佢哋嗰條龍係正正式式畀五十蚊阿豆皮振（一位自上世紀五十年代開始紮火龍的竹紮師傅）紮嘅」，所以「業餘」也可説是早期薄扶林村舞火龍組織之一。[12]

1966 年 12 月 27 日，薄扶林村村民高譚根、陳添、陳照喜、黃秩生及李洲發起「薄扶林村居民福利會」（Hong Kong Pokfulam Village Residents' Welfare Association），以「推進居民之業務聯絡、坊眾之感情及促進各項福利事宜」為宗旨，向港府警務處申請社團註冊。「居民福利會」的登記地址為「薄扶林村第 15 號 A」，正是薄扶林村居民業餘遊樂社的現址。[13] 陳貴先生已於 1955 年過身，所以不曾參與創辦居民福利會，繼之而起的是當時年僅 29 歲、任職教師的高譚根先生，他獲村民推舉為居民福利會理事長。[14]

1967 年 8 月 3 日，薄扶林村居民福利會正式註冊。[15] 同年 12 月 24 日，居民福利會舉行成立暨首屆職員就職典禮，出席者

11 1951 年 11 月，陳貴亦曾經與另一位薄扶林村村民黃庚保以「村中父老」（Village Elder）的身份，向當時政府水務部門交涉增設食用水喉管事宜。香港政府檔案處歷史檔案館館藏：HKRS 287-1-814 General Correspondence Files-Pokfulam Village, 12.1952-01.1969.；薄扶林村街坊福利會：《薄扶林村中秋火龍百年慶典：紀念特刊》，頁 6；2021 年李靈仙姐誕考察暨陳佩珍女士訪問，2021 年 5 月 26 日；陳佩珍女士訪問，2021 年 6 月 17 日。

12 明愛社區發展服務：《薄扶林村 —— 太平山下的歷史聚落》，頁 107。

13 香港政府檔案處歷史檔案館館藏：HKRS 590-3-265 Hong Kong Pokfulam Village Residents' Welfare Association, 27.12.1966-12.07.1993.

14 同上。

15 同上。

薄扶林村新橋啓用，圖爲醒獅在橋上表演慶祝（本報記者攝）

1969 年薄扶林村新橋啟用，醒獅在橋上表演慶祝（〈薄扶林村新橋剪綵 福利會第二屆就職〉，《華僑日報》，1969 年 1 月 30 日。）

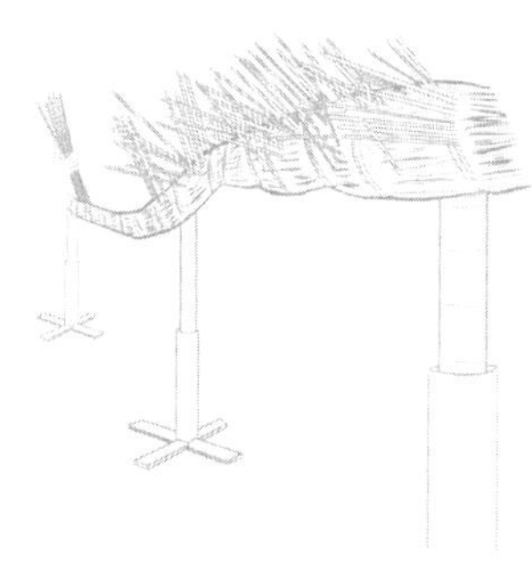

薄扶林村居民福利會第一屆
（1967 至 1968 年度）職員名單[16]

職位	姓名	工作職位
理事長	高譚根	教師
第一副理事長	陳　添	股東
第二副理事長	楊　生	貨車商
英文秘書	胡衛國	政府文員
中文秘書	黃容貴	教師
總務正主任	梁　照	薄扶林村村口報販
總務副主任	陳照喜	薄扶林村木廠看更
財務正主任	鄺偉南	職工
財務副主任	黃　文	牛奶公司退休技工
福利正主任	甘燦鍾	退休司機
福利副主任	李　洲	股東
聯誼正主任	成　清	司機
聯誼副主任	鄺　本	職工
康樂正主任	陳譚新	教師
康樂副主任	陳永強	救傷車護理員
婦女正主任	曾　貴	牛奶公司工目
婦女副主任	甘鐵鍾	退休司機
稽核正主任	黃秧生	薄扶林村商人
稽核副主任	何曉園	薄扶林村商人

16　同上。

薄扶林村街坊福利會「胡社生堂」外擺放的火龍（由研究團隊拍攝於 2022 年）

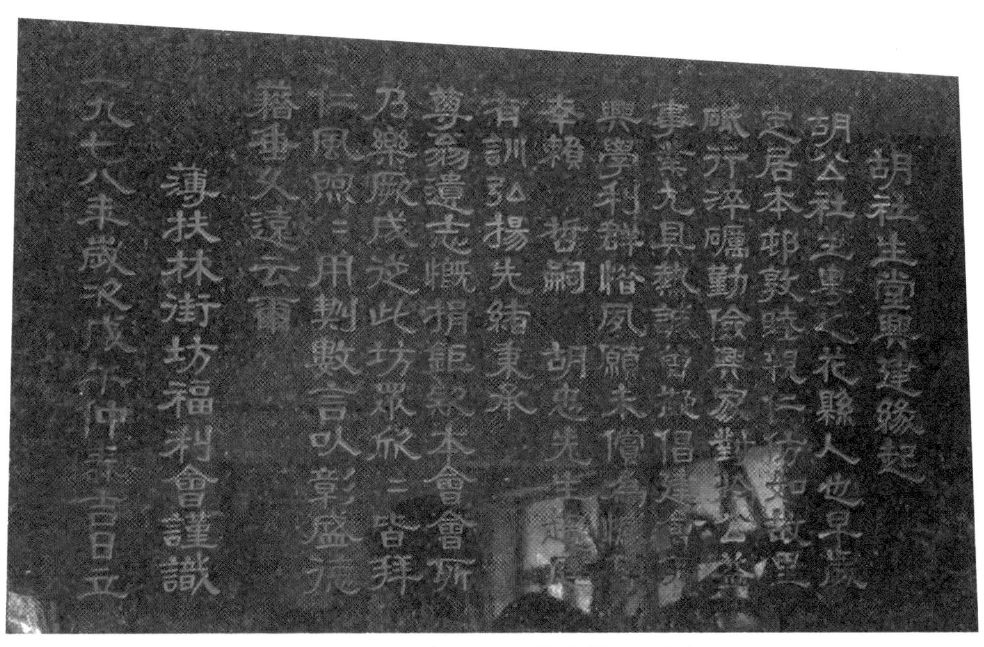

胡社生堂興建緣起

胡公社生粵之花縣人也早歲定居本邨敦睦親仁[illegible]如[illegible]砥行淬礪勤儉興家對於公益事業尤具熱誠曾擬倡建會[illegible]興學利群惜夙願未償爲[illegible]奉賴哲嗣 胡忠先生[illegible]省訓弘揚先緒秉承尊翁遺志慨捐鉅款本會會所乃樂厥成從此坊眾欣欣皆拜仁風煦煦用勒數言以彰盛德藉垂久遠云爾

薄扶林街坊福利會謹識

一九七八年歲次戊午仲春吉日立

薄扶林村街坊福利會「胡社生堂興建緣起」碑（由研究團隊拍攝於 2020 年）

包括胡忠、曾榮進等永遠名譽會長。[17] 居民福利會第一屆職員有任職教師、商人、文員、在薄扶林村村口經營的報販、在薄扶林村木廠工作的看更、在牛奶公司薄扶林牧場工作的工目、退休技工以及司機等。[18]

居民福利會在成立之初，除派發寒衣、麵食等物資外，亦與西區民政署、工務局等政府部門接洽，修築新橋及村內主要通道，並改善排水系統。位於薄扶林村口的防洪渠橋（Nullah bridge）原在 1948 年建成，是薄扶林村對外的主要通道，但由於橋的高度低，每當雨季來臨，氾濫的洪水就會將整座橋淹沒，使行人往來受阻，甚至損害村內農作物。居民福利會遂請工務局將橋重新改建，把一條原有的排水管擴大，並加築一條新排水管，希望使薄扶林村村民免受水浸之苦。[19]

1969 年 10 月 7 日，在副華民政務司吳國泰的指導下，高譚根等村民註冊成立「香港薄扶林村街坊福利會有限公司」。其組織章程大綱列明，街坊福利會成立目的之一為接管（acquire and take over）「香港薄扶林村居民福利會」的資產及負債，登記地址仍然為薄扶林村第 15 號 A —— 薄扶林村居民業餘遊樂社的現址，並沿用至今。[20] 由此可見，兩個組織之間存在承傳關係。

17 〈薄扶林村福利會第一屆職員就職〉，《華僑日報》，1967 年 12 月 25 日；〈薄扶林村福利會成立及就職典禮〉，《華僑日報》，1967 年 12 月 25 日。

18 香港政府檔案處歷史檔案館館藏：HKRS 590-3-265 Hong Kong Pokfulam Village Residents' Welfare Association, 27.12.1966-12.07.1993.

19 〈薄扶林村新橋剪綵　福利會第二屆就職〉，《華僑日報》，1969 年 1 月 30 日。

20 "*Memorandum and Articles of Association of Hong Kong Pokfulam Village Kai-Fong Welfare Association Limited*". Hong Kong: Companies Registry, 1969.

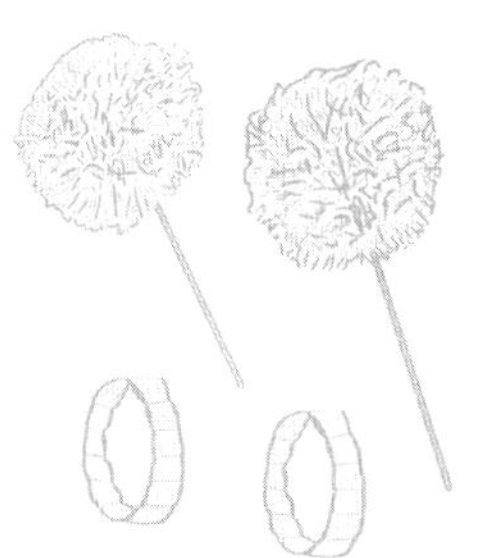

1972年10月25日，「薄扶林村街坊福利會有限公司」獲政府批出鄉郊建屋地段第946號（Rural Building Lot No. 946），以興建街坊會堂。早在1969年1月，居民福利會已向香港政府申請用地興建社區中心，擬設圖書館、會議室、電視室、遊戲室及一個遊樂場。這項計劃隨即獲得華人政務司及社會福利署署長的支持。社會福利署署長提出，當時薄扶林村人口估計約有5,000人，娛樂設施及會議空間有限，他認同興建社區中心的計劃，但考慮到項目的性質和規模，認為稱作街坊會堂（Kaifong hall）更為合適。及1970年，港府民政司向輔政司匯報，街坊福利會殷切希望政府撥地建堂，並提出村民正視此為政府會否保留薄扶林村的證明。[21] 街坊福利會獲政府批地後，又獲胡忠捐助會堂建築費用，以及在合和集團的協助下，終於在1978年建成會堂。由興辦薄扶林村小學至築建街坊會堂，當中都得到胡忠先生的支持和參與，薄扶林村村民為此把會堂以胡忠之父冠名，稱作胡社生堂。[22] 胡社生堂的建成，可算是「薄扶林村街坊福利會」發展的重要標誌，「街坊福利會」成為了薄扶林村社區的組織核心，而胡社生堂也是薄扶林村火龍會舉辦活動（如火龍紮作班），以及長期擺放及展覽中秋火龍的場所。

21 香港政府檔案處歷史檔案館館藏：HKRS 337-4-2648 (R.B.L. 946) Community Centre at Pokfulam Village, H.K.-Grant of Land to Pokfulam Village KaiFong Association for a ...., 7.1.1969-26.5.1978.

22 明愛社區發展服務：《薄扶林村 —— 太平山下的歷史聚落》，頁47。

第二節
舞火龍組織的承傳——由「各有各紮」到「統一籌辦」

薄扶林村火龍會總監蕭昆崙先生和火龍紮作師傅吳江乾先生從小在薄扶林村長大，在他們所成長的上世紀六七十年代，薄扶林村舞火龍活動並非由村內單一組織統籌辦理，而是由村內不同群體各自籌辦，可說是「百花齊放」、「各有各紮」的時期。蕭先生形容當時薄扶林村舞火龍的盛況：「每到中秋節，薄扶林村好像變成火龍村，每一個街頭也有自己一條小火龍，你我各有一條火龍。」[23] 吳師傅解釋當時村民各據不同居住區域和年齡組別，結伴紮龍：「幾乎每個人都懂得紮，看看誰紮得靚、有神髓。」[24] 年紀尚幼的他們模仿村中的「大哥哥」、老師傅等所紮的大火龍，紮作規模較細的小火龍，前者一般是「八腳」，後者則是「四腳」。[25] 吳江乾兄長、前薄扶林村街坊福利會火龍國術醒獅總教練吳江南師傅曾指：「以前百聯即係宜家業餘（遊樂會），佢哋嗰條龍係正正式式俾 50 蚊阿豆皮振紮嘅。嗰個年頭好熱鬧，百聯一條、葉志偉一條、七層大廈一條、菜園又一條、龍仔督我哋細

23 薄扶林村火龍會：〈薄扶林村火龍會紀錄片 —— 龍情 · 薄扶林〉，2022 年 1 月 5 日，載薄扶林村火龍會 YouTube 頻道：https://www.youtube.com/watch?v=Q3qRuQvAL7w 。

24 謝瑞芳監製：「香港故事 —— 職外高人：龍的傳人」，香港電台製作，2016 年 11 月 12 日；薄扶林村火龍紮作師傅吳江乾先生訪問，2021 年 1 月 10 日。

25 薄扶林村火龍紮作師傅吳江乾先生訪問，2021 年 10 月 28 日、2021 年 1 月 10 日。

路又有幾條，有一兩年直頭有成 8、9 條。」[26] 當時各組村民會在中秋舞火龍一個月前，挨家逐戶參拜，籌募紮龍經費，吳江乾師傅稱這籌措活動為「簽錢」：

（舞火龍）有汽水飲咁就跟埋去，（每人）分返幾毫子囉，簽錢 1、2 蚊、5 毫子，好緊要架啦，嗰啲係大戶，簽錢即係募捐⋯⋯，逐家逐戶參拜，拎個龍頭去拜，佢哋自己會攞炮仗出嚟，以前家家戶戶都有炮仗⋯⋯，嚫仔嘅時候六七十年代，都係一個月前左右（預先問每戶認捐幾多簽錢）⋯⋯，而家就多數初一，有晒規矩先去⋯⋯，就係早一個月就簽咗（認捐幾多）錢啦，咁簽完錢之後，你紮完（龍）之後，就可以（去參拜和取錢）。[27]

「簽錢」涉及「利益」，村民之間不免會產生衝突。亦因此舞火龍活動在 1973 年被警方禁止。[28]

直至大概 1987－1988 年，薄扶林村舞火龍才得以復辦。[29] 前任薄扶林村街坊會理事長陳佩珍女士指，當年村中青年熱衷於足球運動，常組織隊伍參與區際比賽，她需要代表薄扶林村作聯絡和籌辦，而同時有長者認為舞火龍是團結全村居民的活動，停

26 明愛社區發展服務：《薄扶林村 ——太平山下的歷史聚落》，頁 107。

27 薄扶林村火龍紮作師傅吳江乾先生訪問，2021 年 1 月 10 日。

28 〈薄扶林百年火龍任摸任舞〉，《明報》，2010 年 8 月 29 日；薄扶林村火龍紮作師傅吳江乾先生訪問，2021 年 1 月 10 日。

29 薄扶林村火龍紮作師傅吳江乾先生訪問，2021 年 1 月 10 日。

2010 年，吳江南師傅與蕭昆崙先生偕同一眾委員為百年慶典紮作的火龍量度身長（由薄扶林村街坊福利會提供）

辦多年的情況並不理想，故請她帶領一眾年輕村民，復辦舞火龍活動。[30] 所以舞火龍得以復辦，與足球體育組織甚有關係。

薄扶林康體會

1989 年 6 月，一群熱愛足球運動的村民有意重新組織村內的康體活動，於是成立「薄扶林康體會（Pokfulam Sports and Recreation Association）」的註冊社團。該會的宗旨包括組織及舉辦一般有關區內的康樂活動，包括旅行、球類比賽及農曆節日的慶祝活動，藉以聯絡村內坊眾間之感情及提供有益身心的活動予村內居民。據薄扶林村康體會的章程所載，該會「一般康樂小組委員會」負責統籌及策劃一般康樂活動，並負責農曆節日如中秋火龍、新年醒獅及端午龍舟之安排事宜。[31]

康體會執行委員會成員包括陳敬文、李鏡平及吳庭光等人，他們居住薄扶林村多年，熱心投入地區事務。[32] 時至今日，部分

30　前薄扶林村街坊福利會理事長陳佩珍女士訪談，2021 年 5 月 26 日。

31　香港政府檔案處歷史檔案館館藏：HKRS590-3-588 Pokfulam Sports and Recreation Association 薄扶林康體會，7.2.1990-15.7.1991。

32　同上。

2017 年薄扶林村中秋火龍列入香港非物質文化遺產代表作名錄，火龍會連續兩年（2017－2018）在村口懸掛橫額慶賀（由陳子安先生提供）

2012 年 6 月，時任香港文化博物館總館長黃秀蘭向街坊福利會發出感謝狀（由陳子安先生提供）

人仍然積極參與村內事務，分別在薄扶林村火龍會及薄扶林村街坊福利會等地區組織身居要職。

薄扶林村街坊福利會

我們在第一節提到「薄扶林村居民福利會」在 1967 年成立，後在 1969 年改組為「薄扶林村街坊福利會有限公司」，成為日後的「薄扶林村街坊福利會」，並在 1978 年興建胡社生堂作為街坊會堂。作為薄扶林村內的社區活動場所，胡社生堂亦成為舞火龍活動的組織、紮作及展覽場地。

復辦以來，薄扶林村舞火龍活動從昔日只面向村民，逐步向公眾展示。1997 年，薄扶林村獲邀參與慶祝香港回歸祖國活動，到黃竹坑球場表演舞火龍。[33] 2010 年，南區區議員及地區人士成立「2010－2011 年度南區旅遊文化節籌備委員會」，跟薄扶林村街坊福利會合辦「薄扶林村中秋火龍百年慶典」，並與薄扶林村街坊福利會合辦一項名為「細味薄扶林村——《中秋火龍》文

33 薄扶林村街坊福利會：《薄扶林村中秋火龍百年慶典：紀念特刊》，頁 10；"Party Manifesto Part II: The who, what, where, why and when of the handover- your guide to the events in Hong Kong during the month, compiled by Tinja Tsang", *South China Morning Post*, 22 June, 1997.

化創意計劃」的活動。目的是透過一系列關於薄扶林村中秋火龍的創意設計活動，在區內推廣創意設計，讓薄扶林村中秋舞火龍文化傳統透過創新方式得以承傳。同年 9 月，「薄扶林村中秋火龍百年慶典」揭幕，為「南區旅遊文化節」的重頭戲之一，村民紮作一大一小的火龍，大龍長約 73.3 米，龍頭重約 80 斤，龍身有 36 隻腳，一人負責舞動一隻腳，號稱薄扶林村歷來最長的火龍。[34] 時任薄扶林村街坊福利會理事長暨盛會籌委會主席陳佩珍女士表示，適逢薄扶林村舞火龍百周年紀念，大會特別準備多達 4 萬支長香，於中秋當晚供村民及遊人插滿龍身，並強調薄扶林村的火龍不但可供遊客插香，而且可以近距離拍照，目標是希望吸引更多村外人參與。[35] 為何當時村民又紮作了一條小火龍呢？蕭先生解釋，按照傳統習俗，火龍必須入村，參拜李靈仙姐塔及各土地壇（如圍仔大伯公壇），但大龍不便入村，故需村民另紮一條體形較細小的火龍。[36]

34 南區區議會秘書處：〈南區區議會撥款申請：2010－2011 年度南區旅遊文化節項目「細味薄扶林村—《中秋火龍》文化創意計劃」〉，議會文件 30/2010 號，2010 年 3 月；〈80 米火龍　中秋舞躍薄扶林〉，《太陽報》，2010 年 8 月 29 日；〈大坑火龍舞入維園　薄扶林雙龍出海 3 龍賀中秋　萬眾觀賞〉，《香港商報》，2010 年 9 月 23 日；薄扶林村街坊福利會：《薄扶林村中秋火龍百年慶典：紀念特刊》，頁 14。前薄扶林村街坊福利會理事長陳佩珍女士訪問，2021 年 5 月 26 日。

35 前薄扶林村街坊福利會理事長陳佩珍女士訪談，2021 年 5 月 26 日；〈薄扶林舞火龍百周年　申請「入海」列文化遺產〉，《生活區報（香港經濟日報）——港島東》，2010 年 6 月 25 日。

36 〈大坑火龍舞入維園 薄扶林雙龍出海 3 龍賀中秋 萬眾觀賞〉，《香港商報》，2010 年 9 月 23 日；薄扶林村火龍會總監蕭昆崙先生訪問，2021 年 3 月 21 日。

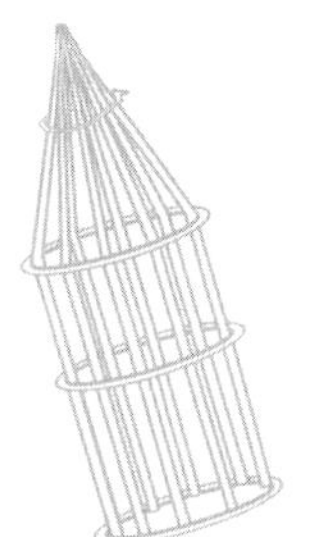

2010 年薄扶林村街坊福利會中秋火龍百年盛會
籌備委員會名單（排名不分先後）[37]

職位	名稱	職位	名稱	職位	名稱
主席	陳佩珍女士	成員	黃照財先生	成員	袁方巒先生
成員	莊國立先生	成員	陳譚保先生	成員	袁保長先生
成員	吳庭光先生	成員	陳紹寶先生	成員	林悅昇先生
成員	吳江南先生	成員	李鏡平先生	成員	賴志明先生
成員	吳江乾先生	成員	程紹均先生	成員	蕭昆崙先生
成員	劉大搭先生	成員	甘志森先生	成員	鄺智英先生
成員	譚文光先生	成員	黃廣祥先生	成員	楊金榮先生
成員	高永康先生	成員	梁佩源先生	成員	薄扶林村火龍會仝人
成員	袁劍順先生	成員	江劍華先生		
成員	陳敬文先生	成員	陳文邦先生		

在以上名單中，「薄扶林村火龍會仝人」為當年中秋火龍百年盛會籌備委員會的成員之一，有不少成員也屬於火龍會的決策團隊。當年「薄扶林康體會」的主席陳敬文在 2010 年以「火龍會成員」的身份參與慶典，並表示：

> 在村裏居住了近 50 年，深深感受到鄉里守望相助的精神，好像中秋前夕大雨導致水浸，村裏一班男丁二話不說冒雨協助通渠。我們渴望火龍活動能夠傳承下去，更希望鄉里互助精神千載不滅。[38]

37　薄扶林村街坊福利會：《薄扶林村中秋火龍百年慶典：紀念特刊》，頁 14。
38　同上，頁 18。

陳敬文這番話道出了大部分村民的心聲，就是「有村就有龍」[39]。

2012 年，薄扶林村村民以「薄扶林村街坊福利會」的名義，向港府申報「薄扶林村舞火龍」為香港非物質文化遺產項目。2017 年，項目獲港府列入首份「香港非物質文化遺產代表作名錄」。[40] 薄扶林村舞火龍從此除了是一項民間活動，也成為為官方認可的活動。

薄扶林村火龍會

薄扶林村火龍會由村民組成，成立目的是希望舞火龍這個傳統節慶可以每年按時舉行，為村民祈福。由於火龍會起初只是一個名義上的組織，實質未曾向社團事務主任註冊，故此每年的活動乃由當年委員之一吳江南師傅以薄扶林村街坊福利會之名義，向警方申請活動許可。2008 年，蕭昆崙先生加入火龍會，成為其中一個委員，參與一年一度火龍活動籌備工作。2015 年，蕭氏成為火龍會最高決策人之一，身任該會副主席及主辦人等職

39 〈中秋八火龍　舞出薄扶林村 百年來首次　市民可插香祈福〉，*Apple Daily*，2013 年 9 月 8 日。

40 「香港非物質文化遺產代表作名錄」，涵蓋共 20 個項目，為政府提供參考依據，就保護香港非物質文化遺產，特別是具有高文化價值和急需保存的項目，在分配資源和採取保護措施時訂立緩急先後次序。香港特別行政區政府新聞公報：〈政府公佈首份香港非物質文化遺產代表作名錄〉https://www.info.gov.hk/gia/general/201708/14/P2017081400644.htm（讀取日期：2021 年 3 月 8 日）。

2020 年薄扶林村火龍會總監蕭昆崙先生（由陳子安先生提供）

位。他甫上任，便立刻為火龍會進行社團註冊，使往後中秋火龍活動以火龍會名義舉辦。[41]

在蕭昆崙眼中，火龍會雖然一心想辦好一年一度的中秋火龍活動，但卻從來沒有訂定一個長遠計劃，將中秋舞火龍的傳統習俗傳承下去。因此，蕭氏為火龍會進行社團註冊，不但滿足法例的要求，也是火龍會作為薄扶林村中秋舞火龍活動傳承團體的一個歷史里程碑。[42]

2015 年前，舞火龍活動的許可申請均由吳江南師傅以街坊福利會名義負責申請。2014 年開始，吳江南師傅專注香港仔火龍活動，較少參與薄扶林火龍會會務。為了行政運作上更有效率，蕭先生計劃重整火龍會組織架構，同時開始有獨自由火龍會申辦火龍會的念頭。要做到這一點，前提是盡快為火龍會完成社團註

41 火龍會總監蕭昆崙先生訪問，2021 年 1 月 15 日。

42 1981 年以前，在公眾地方進行的舞獅、舞龍及舞麒麟活動被視為「公眾集會」，受《公安條例》所規管。及 1981 年，港府修訂《簡易程序治罪條例》，規定在公眾地方進行的舞獅、舞龍及舞麒麟活動，必須獲得警務處處長簽發許可證，方可在公眾地方進行。港府的立法用意在於：（一）盡量減少對車輛及行人造成的不便；（二）防止有恐嚇行為的發生；（三）禁止為表演者開路的人士攜帶可作攻擊用的木條；（四）確保敵對團體不會在同一地區演出。〈舞龍舞獅及國術表演 須獲警務處長許可證〉，《華僑日報》，1980 年 12 月 27 日；香港警務處：〈舞龍舞獅舞麒麟許可證申請簡介〉，香港警務處網頁：https://www.police.gov.hk/ppp_tc/11_useful_info/licences/poess.html（讀取日期：2022 年 6 月 13 日）；Official Report of Proceedings, Wednesday, 21 January, 1981, p. 374，取自立法會網頁：https://www.legco.gov.hk/yr80-81/english/lc_sitg/hansard/h810121.pdf（讀取日期：2022 年 6 月 13 日）。

冊申請。2014 年，火龍會成員一致通過蕭昆崙的提議。2015 年，火龍會成功向警察牌照課註冊為社團，往後中秋火龍活動許可的申請，皆由火龍會負責。[43]

薄扶林村火龍會的組織架構[44]

現時火龍會由 15 位村民組成，其組織架構分為主席（1 人）、副主席（2 人）及籌辦委員（12 人）。火龍會主席由吳庭光擔任。吳先生在上世紀九十年代曾任「薄扶林康體會」副主席一職。此外，從 1977 年成立的「牛奶公司康體會（The Dairy Farm Staff Club）」檔案所見，吳氏亦曾任該會負責推廣運動的委員，可見他年輕時已是一位運動「發燒友」。即使今天吳氏年近 70 歲，他仍然熱衷球類運動，每週末堅持往南華會保齡球場打球。吳庭光一直是火龍會成員之一，所以當火龍會進行社團註冊時，由資歷深厚的吳氏擔任火龍會主席，並兼任司庫職位，全權管理火龍會的財政。吳庭光曾經公開表示：「我在這條村由出生住到現在，所以這裏是我的家，也是我的家鄉……」[45]，這份鄉情驅使吳氏至今仍然熱心籌辦中秋火龍活動，期望這項文化遺產可以「薪火相傳」。

43 薄扶林村火龍會總監蕭昆崙先生訪問，2021 年 1 月 23 日。

44 關於薄扶林村火龍會組織架構等章節內容主要是研究團隊與該會副主席、主辦人及總監蕭昆崙先生展開多次的深度訪談（2020 年 7 月 7 日及 19 日；9 月 30 日；10 月 4 日；11 月 28 日；2021 年 1 月 15 及 23 日；3 月 6 日，13 日及 21 日）後，經整合及分析得來。

45 香港非文化遺產資料庫：〈來吧！一起紮火龍〉，香港非文化遺產辦事處網頁：https://www.hkichdb.gov.hk/zht/item.html?98d69ccd-7a5d-4a62-81ef-ebbf9b8e31f1（讀取日期：2021 年 3 月 21 日）。

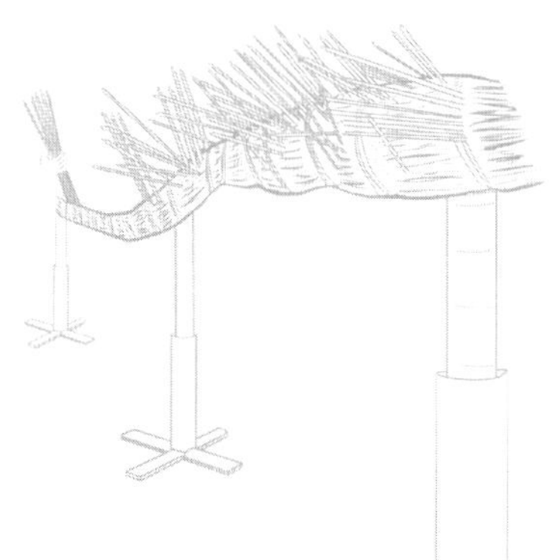

蕭昆崙在火龍會擔任了三個職銜，分別是副主席、主辦人及總監。2015 年，他邀請吳庭光先生擔當主席，自己擔任副主席。此外，火龍活動經蕭氏本人向警務處長申請「舞獅 / 舞龍 / 舞麒麟許可證」時，申請表需填上主辦人的資料，他亦充當火龍會主辦人的身份，作為火龍會與警務處及其他政府部門溝通的唯一聯絡人。2020 年初，康文署等政府部門向他表示，火龍會「主辦人」職銜只涉及有關申辦火龍活動事宜，當活動申請成功後，「主辦人」工作就「功德圓滿」。然而蕭氏由始至終堅持「一腳踢」，負責管理、編制及統籌整個活動，因此他不單做主辦人，自 2021 年開始，蕭氏在火龍會擔任總監一職。[46]

舞火龍衣着的變化

薄扶林村舞火龍活動的統籌也可體現於其衣着的統一。自上世紀八十年代尾至今，薄扶林村舞火龍活動的衣着皆為白底紅字的「T 恤」（T-shirt），值得留意的是，當中文字和圖案的變化。如 1989 年舞火龍衣着的設計較為簡約，正面和背面分別只有「火龍」和「薄扶林村」兩組印刷字樣。2010 年「火龍百年慶典」期間，舞火龍衣着的正面印上「薄扶林村火龍」的字樣，背面則增添了火龍圖像及各大支持團體標誌。其他年份的舞火龍衣着正面

46　蕭昆崙先生本身是一間工程公司的東主，與此同時，他熱心參與社會服務工作，擔任了多項的公職，分別是南區西分區委員會委員及南區防火委員會委員。同時，他也是社會福利署服務令的導師、國際專業潛水協會教練（IDCS）及國際傷健潛水協會（香港）教練董事 E.F.R. 急救課程教練。另一方面，有關薄扶林村的村務上，他擔任香港薄扶林村村務代表、薄扶林村排污工作小組召集人、薄扶林村防洪應變小組召集人及西國大王廟（慈善團體）顧問。

1989 年薄扶林村舞火龍衣着正面（由陳佩珍女士提供）

2010 年薄扶林村舞火龍衣着正面（由薄扶林村街坊福利會提供）

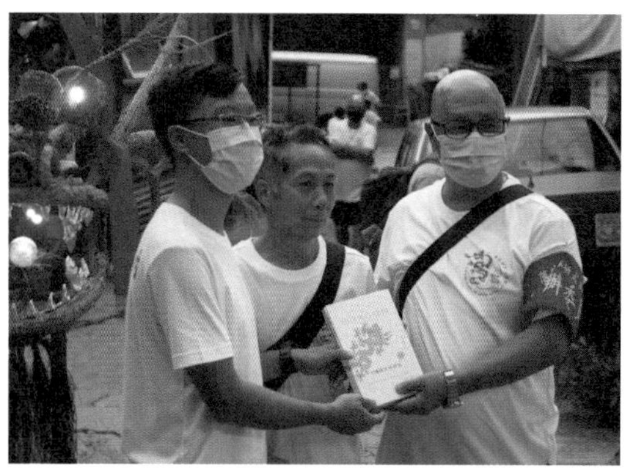

2020 年薄扶林村舞火龍衣着正面（由研究團隊拍攝於 2020 年）

2022 年薄扶林村舞火龍衣着正面（由研究團隊拍攝於 2022 年）

1989 年薄扶林村舞火龍衣着背面（由陳佩珍女士提供）

2010 年薄扶林村舞火龍衣着背面（由薄扶林村街坊福利會提供）

2020 年薄扶林村舞火龍衣着背面（由研究團隊拍攝於 2020 年）

2022 年薄扶林村舞火龍衣着背面（由研究團隊拍攝於 2022 年）

2018 年薄扶林村中秋舞火龍活動花牌（由陳子安先生提供）

大多印有火龍會的標誌，背面則印有「薄扶林村火龍」及當時的年份。2022 年「火龍儀式」衣着背面增添了「香港非物質文化遺產」、「民政事務總署贊助」兩組字樣。

薄扶林村火龍會與街坊福利會

火龍會未正式成為註冊社團前，薄扶林村中秋節舞火龍的申請是以薄扶林村街坊福利會名義進行，因此某程度上，福利會也是火龍活動的傳承團體之一。[47]

自 2015 年始，火龍會已是一個獨立的社團組織，可以自行向警務處申請火龍活動的許可，不需透過街坊福利會的協助，但街坊福利會仍在舉辦舞火龍活動上佔有一席位。時至 2020 年，街坊福利會仍然是舞火龍活動的主辦單位之一，為火龍會提供各項場地支援（如舉辦義工簡介會、擺放及展覽中秋火龍等）。

47　香港科技大學華南研究中心：〈香港非物質文化遺產普查研究表：舞火龍（薄扶林村）〉，頁 4。

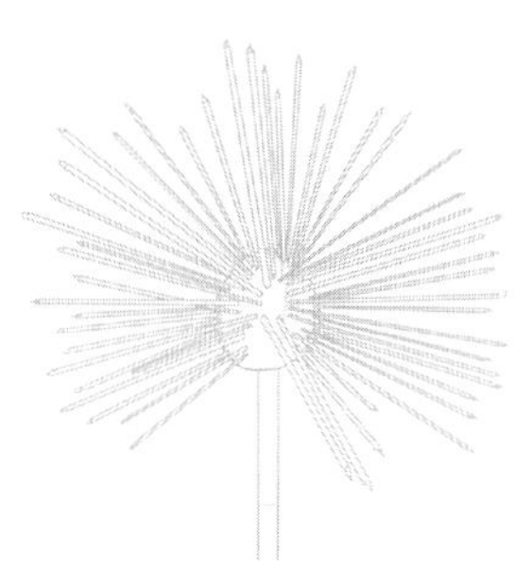

2018 年 9 月，研究團隊曾往薄扶林村考察中秋火龍活動，主辦單位在村口當眼位置懸掛三座美輪美奐，由榮基花牌有限公司精心製作的花牌，花牌上分別寫了主辦單位及贊助機構的名稱。贊助機構包括盧明記茶餐廳、薄扶林村婦女會、新承建及香港旅遊發展局等，至於主辦單位便是薄扶林村火龍會及街坊福利會。

通告

中秋火龍乃本村百年傳統，更有祛疫佑民意義，本會為堅守這項重要承傳，決定繼續進行火龍活動，惟疫症尚仍，加上受制限聚令下，故活動將採取以下措施：

一、以最簡單模式進行。

二、不作任何對外宣傳。

三、不邀請嘉賓、政府官員出席。

四、只作游村儀式不會進行逐戶參拜。

五、謝絕圍觀及追隨隊伍。

希望各村民瞭解及體諒於疫情下之制肘，故懇請各村民安康在家享受團圓之樂，以免人群眾多。本會各委員亦會在場勸喻，避免產生聚集情況！謹希各村民街坊通力合作！

祝各人中秋快樂！

薄扶林村火龍會

薄扶林村街坊福利會

2020 年 9 月 22 日

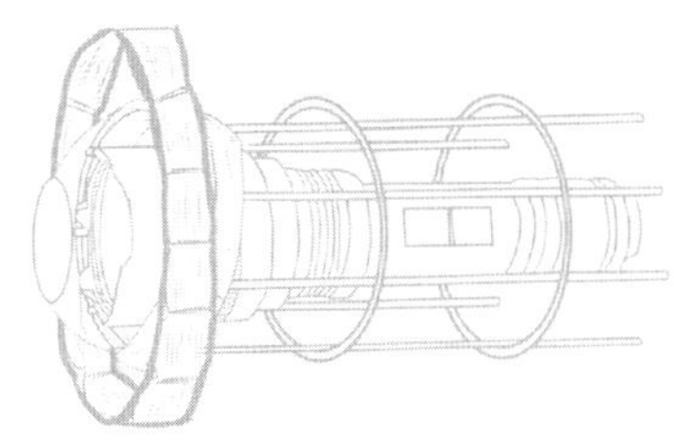

在花牌或告示上同時出現火龍會及街坊福利會的名字，説明了兩個組織聯合主辦中秋火龍活動。既然火龍會可以獨立主辦火龍活動，為何要將街坊福利會的名字加入，成為主辦單位之一？蕭昆崙解釋此舉其實是希望村民及街坊多一些肯定街坊福利會的存在價值。[48] 故此，將街坊福利會與火龍會在一切與火龍有關的活動齊名，目的是希望村民了解多一些街坊福利會，以及明白福利會在籌辦火龍活動上的角色。例如火龍會舉辦的四場義工簡介會是在街坊福利會胡社生堂舉行。[49] 2020 年中秋節前夕，研究團隊再訪薄扶林村，發現村民在胡社生堂趕着紮作火龍的最後工作，而中秋節當晚火龍活動完結後，成員亦目睹火龍被運送回胡社生堂，作長期的擺放及展覽。以上例子説明，火龍會是薄扶林中秋節火龍活動策劃者，而街坊福利會則是提供場地的支援者，兩者在傳承這項「非遺」活動上，扮演着同樣舉足輕重角色。

在 2021 及 2022 年中秋，村內與「火龍儀式」相關的通告下款均為「薄扶林村火龍會」，相信是因應新冠疫情下的特別安排。2022 年，火龍會又與海洋公園、南區民政事務處及薄扶林村街坊福利會合作於該主題公園內舉辦首個「薄扶林村中秋火龍展覽」，説明街坊福利會仍有參與火龍活動。[50]

48 薄扶林村火龍會總監蕭昆崙先生訪問，2021 年 3 月 21 日。

49 同上。

50 〈薄扶林村百年事　火龍再舞弄盛會　中秋佳節弘傳承〉，《東網》：https://hk.on.cc/hk/bkn/cnt/news/20220910/bkn-20220910153616736-0910_00822_001.html（讀取日期：2021 年 3 月 21 日）。

第三節
收編節日與再造傳統

薄扶林村舞火龍原是民間歲時祭祀的其中一環，早年沒有由任何具嚴格規章的組織來籌辦，但經過近 40 年的發展，舞火龍已經不再單是面向村落內部成員的祭祀活動，而是成為了一種能代表薄扶林村的村落文化，可以向全港市民推廣，甚至成為全港性質的其中一個非物質文化遺產項目。能夠向這個大方向轉變，背後其實是火龍會在舊有火龍活動的基礎上，作出種種調整，同時收納其他傳統祭祀節日，融合調和後，再創造出一套能夠切合時代變化的傳統。

火龍活動範圍

由復辦至今，舞火龍路線和儀式也因應着社區不同變遷而出現變化。如過去火龍隊伍巡行至「草廠」西國大王廟的做法並非常規化，這是因為有關地點與薄扶林村確實有一段距離，需要虛耗一定的時間及人力，因此火龍活動並不是每次均到訪此地。然而，自蕭昆崙掌管火龍會後，他堅持一定要到西國大王廟參拜。蕭氏指，這個環節雖然需長途跋涉，以及花費一定時間，但卻意義重大，一方面說明西國大王乃薄扶林村村民敬重的神明之一，另一方面也表明海陸豐人與其他村民一樣，不分彼此，透過參拜西國大王這個宗教活動，打破海陸豐村民與其他本地村民的隔閡。

過去在部分薄扶林村村民的眼中，居住於「草廠」的海陸豐人較為粗獷，加上語言與本地人略有不同，海陸豐人很難融入本地社會。但蕭氏強調，既然薄扶林村是一條雜姓村，本地村民就不應該歧視操非流利廣東話的村民，因為大家都是居住於薄扶林村的範圍內，彼此同屬薄扶林村村民。2020 年火龍會籌備委會有四成委員來自「草廠」，當中部分是近年陸續被邀請加入的。他直言透過火龍活動，將昔日一群在薄扶林「草廠」成長，曾經為火龍活動作出貢獻的村民予以肯定，並將「草廠」及西國大王廟納入薄扶林村的版圖。[51]

送龍儀式因港府發展數碼港，改至瀑布灣進行，使火龍必須途經華富邨，變相將這項本來只面向薄扶林村村民的祭祀活動，也變成面向村外人（特別是公共屋邨居民）的表演活動，吸引村外人參與和支持火龍活動，其意義在於把中秋舞火龍活動由鄉村層面提升至區域層面。

曾對舞龍儀式作人類學研究的廖夢華指出，研究舞龍活動儀式的進行是有其重要性的，因為儀式能夠反映人們對日常生活世界的理解、解釋和看法，並揭示他們的文化與社會生活的基本結構及整體運作規範、邏輯與秩序。[52] 在薄扶林村中秋節舉行的火龍活動中，我們知道村民會將火龍舞動到村內各主要伯公廟及廟宇進行參拜，此外也會到訪家家戶戶，為村民祈福，而菜園是其中一個必到的地方。對他們來説，菜園是薄扶林村不可分割的一

51　薄扶林村火龍會總監蕭昆崙先生訪問，2021 年 4 月 17 日。

52　廖夢華：〈舞龍儀式的人類學探析——以融水三防舞龍文化的田野考察為例〉，《柳州師專學報》，24:6 (2009)，頁 28。

部分，然而規劃署的《薄扶林分區計劃大綱核准圖》卻將菜園大部分區域列為「政府、機構或社區」用地，明顯是把其從作為「鄉郊式發展」用地的薄扶林村分別出來。對薄扶林村村民，特別是住在菜園一帶的村民而言，他們極不同意政府的做法，因此遷村、拆村的陰影經常在他們的腦海中浮現。

菜園在村民心目中的獨特地位，亦可在 2020 年中秋舞火龍活動中呈現。2020 年，新冠疫情肆虐香港，火龍會沒有因此停止多年來的火龍活動傳統，主辦單位在恪守政府限聚令下，堅持如常舉行火龍活動，但規模及陣容大大縮減。當晚，火龍的身形較以往更輕巧，當遊走村內其他地方如大街、圍仔及龍仔督後，蕭昆崙打算進入菜園地，有舞龍成員建議不要進入，但這個建議在現場遭到否決，火龍隊伍仍舊一如以往巡遊菜園地。[53] 這段插曲表明，雖然在政府土地規劃的安排上，菜園地是政府用地，但火龍會堅持讓火龍隊伍進入菜園地，説明他們視之為薄扶林村不可或缺的一部分。在關於農村社會的研究中，科大衛以「入住權」的概念來探討村落運作和村民資格，誰是村民誰不是，在於他有否「入住權」，「入住權」往往具體表現在該人有否權利參與地方祭祀神明或祖先等的儀式上，而能夠參與何種活動則表明該人在村落內的等級地位，例如一般親友可參加祭祀後的飯宴、村落成員可參加祭祀儀式、村落領袖或某特定群體可參加籌神值理會等等。換言之，能夠參與舞火龍路線的討論，其實也是一種「入住權」的具體表現，而討論巡遊覆蓋範圍，便是村落社區範圍的定

53　2020 年 10 月 1 日薄扶林村中秋舞火龍考察。

義／再定義。[54] 村落成員的身份也會隨歷史變遷、人群流動而有所改變。蔡志祥就香港長洲太平清醮的研究，發現在社區歷史發展的過程中，由興建神廟到舉辦節日，由宗教的象徵符號到儀式行為上的變化，說明社區多重的社群界限的浮動性和族群關係的可塑性。[55] 薄扶林村中秋舞火龍的地域範圍，由傳統的社區逐步擴展到菜園、昔日海陸豐人聚居的「草寮」等地，村民不斷地通過儀式，重塑薄扶林村的地域範圍和薄扶林村村民的身份認同。因此，薄扶林村中秋火龍活動這項傳統民間宗教活動，不但有團結村民的功能，同時透過活動，展示並不與政府土地運用安排一致，強烈的地緣信息。

火龍活動規則

自 2017 年開始，薄扶林村舉辦的中秋火龍活動，主辦單位會在村口當眼位置張貼大會守則，例如「薄扶林村火龍活動詳細路線及時間安排（細節）」、「薄扶林村火龍活動期間安排」及「火龍活動工作人員守則」。這些守則、活動路線及時間安排，寫得十分仔細。[56] 據火龍會總監蕭昆崙解釋，張貼守則有兩個目的：第一，這張時間表是需要交給警方確認；第二，公開活動詳細路

54 David Faure. *Emperor and Ancestor: State and Lineage in South China*. Stanford: Stanford University, 2007, pp. 1-14. David Faure. *The Structure of Chinese Rural Society: Lineage and Village in the Eastern New Territories, Hong Kong*. Hong Kong: Oxford University Press, 1986.

55 蔡志祥：〈香港長洲島的神廟、社區與族群關係〉，載鄭振滿、陳春聲主編：《民間信仰與社會空間》（福建：福建人民出版社，2004），頁 354。

56 2020 年因為疫情緣故，大會沒有張貼相關守則。

火龍活動工作人員守則

鑑於本會活動乃公開形式進行，務請各熱心參予工作人員遵守大會如下守則：—

一. 所有參予活動工作人員必須穿著大會提供指定制服及臂章，以示識別。
二. 遵守領隊、各委員指派工作崗位，切勿擅自進行其他活動。
三. 保持大會形象、言行檢點，切勿粗言穢語。
四. 不得酗酒及服用藥物後進行活動。
五. 遵守時間上的安排，令大會進行得以順利。
六. 於舞龍期間，所有路線、走位、舞動方式，必須依從活動總指揮指示進行。
七. 不得進行任何募捐及銷售活動。
八. 未得大會同意，不得進行任何政治、宗教及與活動無關的宣傳活動。
九. 對在場所有嘉賓、遊客、觀眾及執法人員以禮相待，忍讓。
十. 活動場地內嚴禁燃放炮竹、煙花、螢光粉等易燃物品，大會工作人員無需勸籲下可執行制止及加以隔離有關物品及人仕。
十一. 尊重活動的傳統性，於參拜及祈福期間，有別於信仰的原因，可自行作出取捨，但必須保持理性，安靜。

以上守則謹希各熱心參予義工、團體遵照執行，現場帶領指揮會加以勸勉，如有屢勸不改者，大會絕對有權取消其義工資格及終止其所有活動。務請各界合作為荷！

薄扶林村火龍盛會
二零一八年

2018 年火龍會張貼於薄扶林村內的「火龍活動工作人員守則」（由陳子安先生提供）

線及時間安排是為了方便村民及外來參觀人士，也方便蕭氏管理整個火龍活動的進程。時間表上列舉的時間與實際究竟有多大偏差？蕭氏表示，不可能超過十五分鐘。作為活動總監，他密切注意火龍活動每一個地點所用的時間，如果有哪一個地點稍為延遲，他便立即吩咐工作人員在往後的環節補回時間。[57]

還有一些守則是給義工和舞龍人士細閱，希望他們能夠遵守。原來這些守則所針對的問題，有大部分曾經發生過的，為了避免重蹈覆轍，大會每年都會更新守則。舉個例子，「火龍活動工作人員守則」第十一項列明：「尊重活動的傳統性，於參拜及祈福期間，有別於信仰的原因，可自行作出取捨，但必須保持理性、安靜。」蕭氏透露：「曾經有一年，打完龍餅後就去李靈仙姐，有位女士是位很虔誠的基督教，她大喊着她不能拜神的，還把竹子給丟了，場面一度尷尬。」[58] 此後，火龍活動就有這條新

57 薄扶林村火龍會總監蕭昆崙先生訪問，2021 年 3 月 21 日。
58 同上。

2017 年，火龍隊伍進行「蟠龍舞動」期間，圍觀的村民及遊客情緒高漲（由陳子安先生提供）

守則，所有活動參與者須尊重這個傳統活動，倘若有任何人認為不適合參與某一項活動，可即時舉手示意，屆時將會調配人手。

2021 及 2022 年，薄扶林村火龍活動因疫情緣故，改為不公開活動，火龍會要求所有參與者（包括在現場旁觀的村民及友好）身穿火龍會制服，並設立界線，區別村外人進入活動範圍。[59]

義工招募

2015 年火龍會制定了招募義工架構，希望火龍活動由薄扶林村村民擴展至社區各界人士，包括讓更多外來人士義務參與及協助火龍活動。倡議邀請義工加入的第一年，有 10 位義工參與，他們全是蕭先生教授潛水的學生。翌年增至 20 位義工參與，據蕭先生憶述，這時候村民開始擔憂義工的出現，可能會取替村民的角色，而蕭氏卻認為村民的憂慮倒是值得鼓舞的，因為村民開始反思社區成員的身份和在火龍活動上的角色。第三年，

59　2021 年 9 月 21 日、2022 年 9 月 10 日薄扶林村中秋舞火龍實地考察。

2020 年，穿梭於薄扶林村大街小巷的火龍，為家家戶戶祈福（由陳子安先生提供）

他找來 30 位義工，但參與模式有所變動，火龍點睛儀式後，義工只負責維持秩序，蟠龍舞動及其他動作都交由村民負責。2019 年，義工數目急增至 80 位，他們來自大專學界，也有在職人士及曾經參加導賞團的朋友，負責維持大會當晚秩序，有興趣舞動火龍的，也可以示意參與。[60]

火龍會對義工的招募不會作任何篩選，只要是對火龍文化及舞火龍具興趣者，就可以參加。成為火龍活動的義工後，他們將獲邀出席街坊福利會胡社生堂舉行的簡介會。中秋節前一個月主辦單位會進行四場簡介會，分別在日間（兩場）及晚上（兩場）舉行。義工必須出席其中一場簡介會，缺席者自動棄權。簡介會內容主要是介紹整個火龍活動的歷史背景、當晚活動流程及義工角色等。

中秋節當晚，義工主要負責維持大會秩序。鑑於火龍活動圍觀人數眾多，大會設立「嘉賓區」及「點睛區」，並在指定時間將之封鎖，只許工作人員和嘉賓進出，使嘉賓能順利進行點睛儀

60　薄扶林村火龍會總監蕭昆崙先生訪問，2021 年 3 月 21 日。

式。大會又在薄扶林道及華富邨設立「打龍餅區」，由義工協助維持秩序，防止「蟠龍舞動」期間有圍觀人士走入舞龍範圍。[61] 這套義工分工模式，一方面讓非村民參與活動，另一方面讓村民重塑和確立社區身份的資格。

八月十四、薪火相傳

2016 年，火龍會主辦人蕭昆崙提倡「八月十四日、薪火相傳」模式，於農曆八月十四日晚，由村內青年舞動一條細龍遊村。蕭氏有這樣的想法，源於 2016 年一次火龍會檢討會議後，一位年長的村民跟他説，從前中秋火龍分別有八月十四及十五日兩晚，這個信息啟發他將火龍活動延伸多一晚。[62] 另一方面，由於八月十五日晚的火龍體型甚大，未能自由穿梭村內比較偏僻及窄路的地方，不少街坊表示「只聞其聲，不見其影」，每每失望而回。畢竟各位村民也對火龍出錢出力，於是火龍會決定多舞一天。八月十四日晚的火龍身型相對瘦削，方便入村為村民祈福。過去紮龍的都是上了年紀的村民，後來考慮到村內年青人欠缺機會參與舞火龍，蕭氏於是把八月十四日舞細火龍的重任交予青年一輩，由他們親手紮作，繼而親手舞動。蕭氏期望由青年人擔大旗的活動可以鼓勵更多同輩參與，讓火龍活動傳承下去。[63]

61 同上。

62 中秋節前夕火龍隊伍到村內參拜李靈仙姐及土地公，中秋節當晚則到家家戶戶祈福。陳佩珍女士訪談，2021 年 5 月 26 日。

63 薄扶林村火龍會總監蕭昆崙先生訪問，2021 年 3 月 21 日；ELLIE：〈火龍的傳人 20 歲紮火龍技師〉，《都市流行》，2017 年 9 月 28 日，頁 30-33。

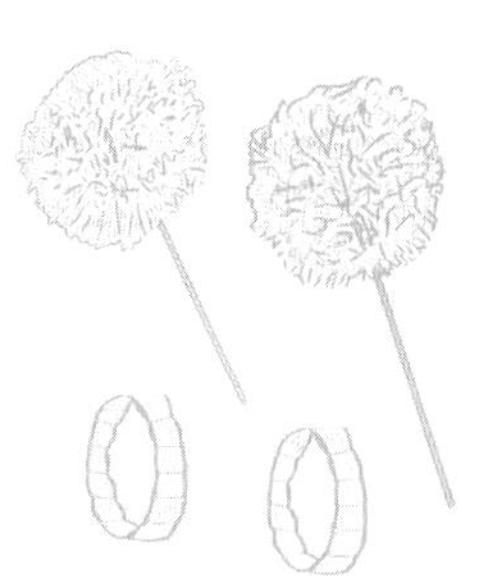

新春盆菜宴

過去，火龍會於火龍活動完結後，會宴請有份參與活動的村民到酒樓大吃一頓。自蕭昆崙加入火龍會後，則改為每年農曆正月十五後首個星期六晚上舉行火龍會盆菜宴，稱之為「敬老盆菜宴」，經費由村民及外界贊助火龍活動得來的資金支付，村中年齡達 80 歲以上長者可免費享用，65 歲或以上半費，家屬等需付全費 120 元。2019 年，新春盆菜宴筵開 30 席，參與者包括嘉賓、長者及家屬等，濟濟一堂，熱鬧非常。與會的嘉賓有「盧明記」及「薄扶林村的婦女會」，他們長期資助火龍活動，因此分別獲得主辦單位送贈盆菜宴一席。與此同時，政府官員也獲邀出席，這是因為中秋節當晚大家非常忙碌，沒有時間閒談，藉此機會，大家聚首一堂，交流聯誼。[64]

火龍紮作班

作為薄扶林村中秋舞火龍的傳承團體，火龍會除負責統籌一年一度的火龍活動外，也會開班教授村內外有心人士如何紮作火龍。紮作班資金來自非物質文化遺產辦事處及衛奕信信託基金，而課堂就在街坊福利會胡社生堂舉行。多年來，由火龍會副主席吳江乾師傅負責教授火龍紮作技藝。然而，蕭昆崙強調，紮作班若只高度依賴一位師傅教授並非健康現象。經過安排及調動後，

64　薄扶林村火龍會總監蕭昆崙先生訪問，2021 年 3 月 6 日。

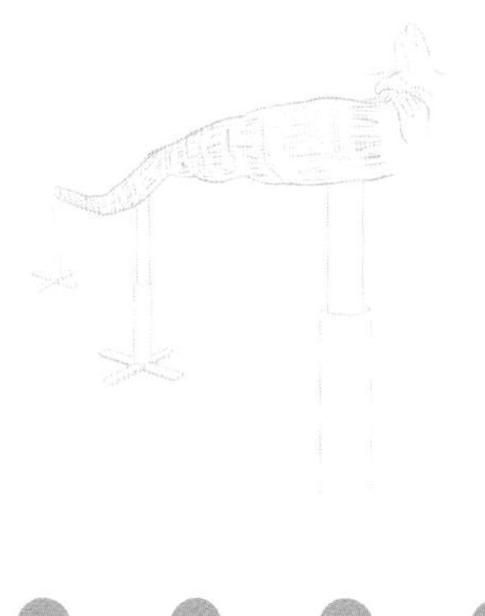

火龍會現邀請多位師傅一起參與這項傳承工作，這樣做的目的是想將角色慢慢轉移，從一個人的責任轉移至一個群體的責任。當愈來愈多人學會如何紮作及教授紮作火龍，才可以有效地分擔吳師傅的工作。所以，無論是紮作火龍，抑或舞火龍，都是村民集體共同參與的活動，所有榮譽都應歸於火龍會以及所有薄扶林村的村民。蕭昆崙稱火龍會的各委員不論身份及地位，都應該互相合作，彼此分擔，合力把中秋火龍會辦得有色有聲。[65]

增設會員制的構思

2021 年初，火龍會總監蕭昆崙構思為火龍會增設會員制度，有關提議在委員會內已獲一致通過。為什麼火龍會需要設立會員制度呢？火龍會只有十多個委員，而每年中秋的舞火龍都是村民自願參與的活動，蕭氏希望有心的村民可以成為會員，透過舞火龍活動，令他們增加強烈的歸屬感，並希望有關活動可以一代一代傳承下去，而不只是純粹玩樂性質。由於大部分有興趣舞火龍的村民都是在薄扶林村長大，因此大會不設培訓班，而會向加入成為會員的村民收取 50 元一年的會費，而取得會員資格很簡單，只要是薄扶林村村民就可以報名加入。由於設立會員制度的計劃仍在審視階段，現時未知道大約會招收到多少位會員。[66]

以上的改革無疑改變了薄扶林村中秋舞火龍的文化內涵。舞火龍所展現的文化空間，正因應參與的團體、服務的社區人群、

65　薄扶林村火龍會總監蕭昆崙先生訪問，2021 年 3 月 6 日。

66　薄扶林村火龍會總監蕭昆崙先生訪問，2021 年 3 月 13 日。

生活範圍和社會經濟大環境的轉變而作出了調適和創新。蕭昆崙的改革可視為一個「傳統」的再創造過程，也是一個重新塑造地域認同的工具。在急促的都市化和社會文化的變遷中，舞火龍的活動不單需要有大量的人力和物力的支持，也需要薄扶林村村民、義工等之間的協調與合作，火龍會也由此逐步形成一個多層級、系統化的管理系統，讓舞火龍這項傳統活動得以延續下去，並發揮着傳承與推動的作用。

小結

薄扶林舞火龍從「各有各紮」發展到現時由火龍會統一籌辦，期間經歷不同組織的傳承與改組。現時火龍會繼承領導地位，代表薄扶林村與外界接觸，傳承舞火龍的文化和故事。同時，火龍會沿用、排除、修改和適應舊有做法，並收編其他節日，再創造出一套「新」的傳統，簡而言之，即是在舞火龍這個傳統的名義下有所改革、創新和突破。在這個過程中，舞火龍活動同時也不斷界定／再界定村民身份權利（例如村民和義工擔當不同的角色，在參與的活動和程度上會有所不同）和地緣範圍（例如決定火龍路線是否包括菜園和西國大王廟）。研究團隊站在文化觀察和歷史研究的角度，持續追蹤薄扶林村舞火龍的變更與改革。我們不難發現，種種選擇是在重新塑造舞火龍活動，也同時改變薄扶林村的社區結構。

與此同時，研究團隊也明白以上種種選擇並不會無緣無故地出現，而是在回應香港社會急速變遷下帶來的各種挑戰，在下一章我們將會分析薄扶林村所面對的挑戰，並歸納各章要點，作全書的最後總結。

第六章

總結：在文化保育議題下的傳統祭祀

本書從第一章的引言導入，概括介紹了「中秋節 —— 薄扶林舞火龍」這項非物質文化遺產，其後在接着的章節層層遞進，解構這項文化和背後的社區之歷史淵源，展現了儀式文化與社區之間的密切關係。現在，先讓我們回顧上述章節的內容要點。

第二章從官方文獻、方志、筆記文集和報紙等資料出發，先以縱向的時間脈絡來闡析祭龍信仰至民間實踐舞龍儀式的歷史過程，再以橫向的地域角度從大到小層層推展，從記述中國各地有所異同的「舞火龍」以展示舞火龍文化之多元，至集中於華南地區的舞火龍變遷，最後着眼於香港的舞火龍歷史，藉此揭示舞火龍背後官方與地方間一統多元的文化結構，並道出累積而來的歷史和文化內涵如何為薄扶林村村民提供依據，建構屬於他們的舞火龍故事。

第三章詳細記錄了近年來火龍的紮作過程和舞火龍儀式，藉此了解具體的火龍紮作技藝及舞火龍的儀式過程；並訪問了村內的火龍紮作師傅吳江乾先生和葉志偉先生，從中探討火龍紮作的傳承。由村中家家戶戶各有各紮，至現在村民合力籌辦舞火龍活動，而後繼者亦在師傅指導下完成火龍，火龍紮作、儀式拜祭及路線一方面隨着村民的籌劃而逐漸確立起標準，另一方面為回應社會大環境及引入公眾參與而有所變化。薄扶林舞火龍並非一件僵死的東西，而是一項活生生的文明，會為適應社會而作出變化，跟社會建立互動。

第四章探究了造就出「中秋節 —— 薄扶林舞火龍」這項非遺文化的土壤 —— 薄扶林社區。承上第三章提及舞火龍時所拜祭的神祇與祭祀點，從追溯神祇與村落不同群體的歷史淵源，來重構薄扶林村由一條小村落聚合成大社區的發展過程。自十九世

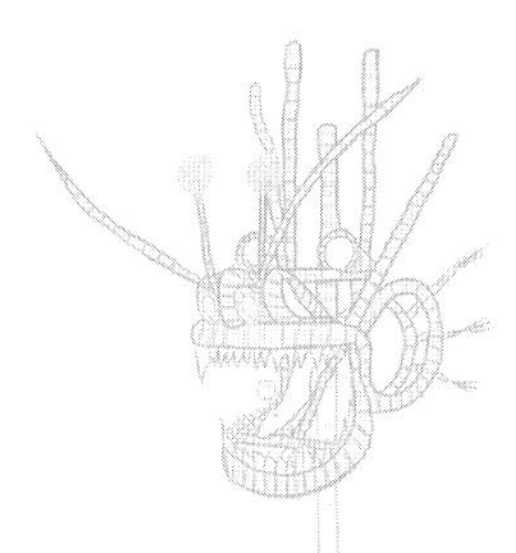

紀一排住了約 53 人的排屋，到十九世紀後期至二十世紀初大量人口遷入村內，而 1886 年牛奶公司於薄扶林建立牧場，帶來「草廠」的居民，舞火龍的儀式路線把代表了這些不同群體的祭祀點串連起來，把不同群體的歷史相互交織，導入薄扶林村社區的整體歷史，並肯定了不同群體享有薄扶林社區居民的成員身份。

第五章講述了戰後薄扶林村地方組織的發展和傳承，再聚焦於舞火龍的組織傳承和火龍會的組織架構，講解火龍會現時籌辦活動時面對的挑戰和回應。若說薄扶林的地理社區是實踐舞火龍文化的硬件，相關的組織和村民便是軟件，確保了舞火龍文化持續而有效地運轉。由村民自發組織，不同的薄扶林村地方組織相繼出現，相互合作或承接，聚集起村中的人力和資源，使舞火龍活動能持續地舉辦；同時，火龍會作為活動的主辦組織，代表村民為村落文化對外拓展，爭取官方認可和引入公眾參與，為舞火龍活動尋求發展空間。

薄扶林舞火龍背後有其悠久且深厚的文化與歷史脈絡，同時在日轉星移之間持續地變化和豐富着社區文化。值得強調的是，薄扶林舞火龍這項文化不能離開薄扶林社區而獨立地生存。透過以上的篇章，可發現薄扶林社區為文化賦予了實踐的理據和故事，舉辦與調適的空間和方法，以及運行所需的人力和資源。正如廖迪生教授的提醒，在「非遺」保育過程中，要解決的不單是項目存在與否的問題，而是維持「非遺」的社群還是否繼續存在的問題。[1]

1　廖迪生：〈「傳統」與「遺產」——香港「非物質文化遺產」的意義的創造〉，《非物質文化遺產與東亞地方社會》，頁 275。

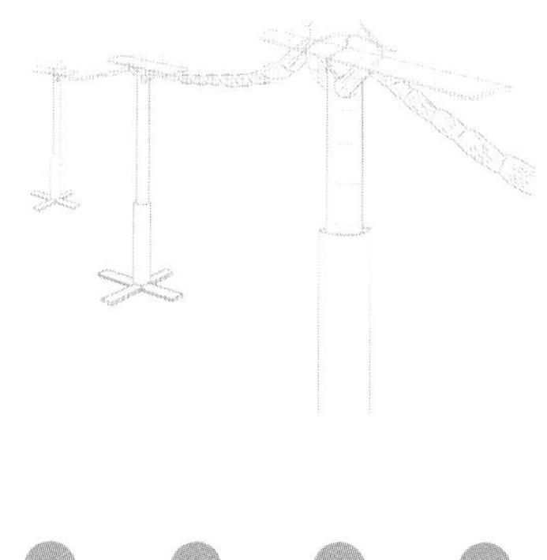

周邊環境的急遽變化引起了薄扶林村村民的憂慮，增加了面臨「拆村」的危機意識。1998 年 6 月，港府計劃收回薄扶林村菜園一帶的土地，用以興建路政署及建築署維修廠，受影響家庭約 120 戶，涉及村民 400 多人。當時薄扶林村街坊福利會組成「清拆關注組」，與政府部門交涉，並舉行「全村居民大會」，反對清拆行動。當時關注組以「今日清拆菜園，明日收回圍仔，你又何去何從」為口號，呼籲全村居民出席活動，這個口號喚起了村民對村落作為整體社區的關注。最後，政府在考慮了村民的意見和訴求後，決定把項目擱置。值得注意的是，在居民大會期間，一位六代同堂的居民曾向記者出示其擁有的清朝地契，以歷史文獻向外界説明薄扶林村的價值。[2]

在上世紀七十年代初，薄扶林區公共及私人房屋發展迅速，港府以區內交通不勝負荷為由，頒令限制當區建屋發展。[3] 對於希望村落持續下去的村民來説，這些措施儼如為村落提供了保護。至 2013 年初，港府有意解除薄扶林區的發展限制，有薄扶林村村民視此為「拆村」危機，並發起了一場名為「留住薄扶林村運動」的保育運動。[4]

2 〈薄扶林村要拆三份一〉，*Apple Daily*，1998 年 6 月 26 日；〈政府擬在薄扶林村 興建永久性維修廠〉，《南區新聞》，1998 年 6 月 30 日；香港政府檔案處歷史檔案館館藏：HKRS 1615-2-2 Pokfulam Village, 22.08.1997-21.01.1999。

3 〈半山及薄扶林區暫時限制發展法案 立法局昨三讀通過〉，香港《工商日報》，1973 年 8 月 2 日。

4 〈獲列歷史遺蹟監察名單 力抗地產霸權 薄扶林村盼延續 200 年情〉，*Apple Daily*，2013 年 10 月 19 日；明愛薄扶林社區發展計劃：〈新自由主義下留住薄扶林村〉，載香港社會服務聯會編：《社區發展資料彙編 2019：堅守、開拓、創新（第二版）》（香港：超媒體出版社，2020 年），頁 219-226。

為了應對「拆村」壓力，村民由過往以歷史文獻，至近來通過歷史建築、中秋節舞火龍等傳統節慶活動，向外界展現薄扶林村的歷史文化保育價值。[5] 村民打破以往村落的劃分，積極傳承和推廣舞火龍活動，在組織架構和活動程序上，把舞火龍發展為一個逐漸吸納不同社群的節日，試讓社區的火龍文化發展為主流文化，期望使之成為香港人共享的文物資源。文化與社區彼此相依，社區為文化提供紮根和實踐的基礎，文化賦予社區歷史意義、成員身份認同與向心力。

過往薄扶林村有村民組成「薄扶林村排污小組」，關注村內排污系統，該小組在 2009 年改組為「薄扶林村文化環境保育小組」，及後於 2013 年發起「留住薄扶林村運動」，並推動村民修築和復耕村內一處名「菜園地」的地方，促成薄扶林村獲列入世界文物建築基金會的監察名單。保育小組從此在每年 10 月最後一個星期日舉辦「薄扶林村歷史聚落節」作為紀念。在過程中，世界文物建築基金會特別提到薄扶林村保留了中秋舞火龍傳統，表達了對舞火龍的肯定。[6]

5　以傳統習俗抗衡收地的說法，可參考：〈長春社文化古蹟專家黃競聰 細說本地傳統風俗變化與出路〉，《信報財經新聞》，2020 年 10 月 13 日。

6　〈200 年薄扶林村勢掀保育戰〉，《星島日報》，2013 年 10 月 10 日。「第一屆薄扶林村聚落節 2013」，載明愛薄扶林社區發展計劃：「薄扶林村的抗逆力」網頁：https://pokfulamvillage.com/resilience/event/%E7%AC%AC%E4%B8%80%E5%B1%86%E8%96%84%E6%89%B6%E6%9E%97%E6%9D%91%E8%81%9A%E8%90%BD%E7%AF%80-2013/（讀取日期：2022 年 6 月 13 日）

2014 年初，有外國與本地藝術家合作，在薄扶林村置富橋底繪製火龍壁畫，並獲逾百名薄扶林村村民聯署支持保留。[7] 如前文所述，2020－2022 年新冠疫情期間，火龍壁畫成為了薄扶林村火龍活動舉行「送龍儀式」及展覽的地方。

村民通過推廣村落文化的獨特和價值，帶動公眾對文化建基之社區的關注和重視。社區成員自發地推動社區保育，能更恰當地引導社會大眾以更在地的視野來瞭解當地社區及文化，讓社會明白如何能更有效地協助當地社區的保育。

2015 年，香港明愛及薄扶林村文化地境保育小組，成功申請發展局的「活化歷史建築伙伴計劃」，把評為一級歷史建築的牛奶公司高級職員宿舍活化為博物館「薄鳧林牧場」，向大眾展現牛奶公司薄扶林牧場以至薄扶林村的文化和歷史，並於 2022 年初開始試業，2023 年正式運作。[8]

2022 年新冠疫情未散，薄扶林村紮作出兩條火龍，一條放在村內特定位置供市民上香，另一條則放到海洋公園作展覽，以別樣的方式來延續傳統。是次展覽由薄扶林村火龍會、薄扶林村街坊福利、南區民政事務處及海洋公園合作舉辦，當中海洋公園

7 〈20 米火龍壁畫 村民盼政府勿剷〉，《明報》，2014 年 3 月 13 日。

8 「發展局 —— 局長隨筆：活化歷史建築—薄鳧林牧場」，載發展局網頁：https://www.devb.gov.hk/tc/home/my_blog/index_id_1509.html（讀取日期：2022 年 6 月 13 日）。

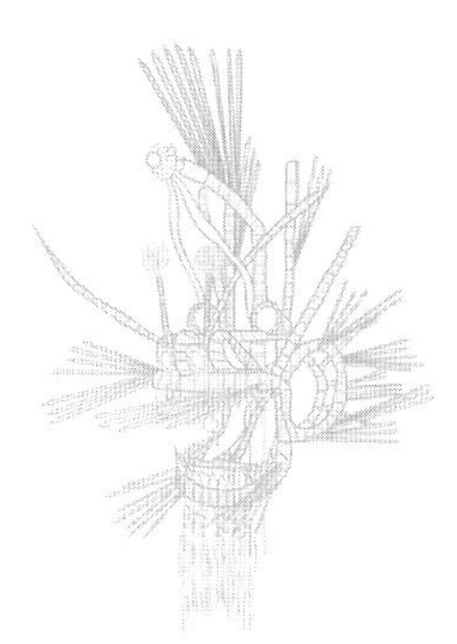

為此推出全新的海上觀光項目，於海上觀光舞火龍「龍歸滄海」儀式的瀑布灣及港島南區內其他景點，藉此推廣社區文化。[9]

「中秋節 —— 薄扶林舞火龍」作為非物質文化保育的例子非常值得我們學習和借鑑。活生生的文化建立於活生生的社區上，社區成員對自身社區與文化的重視，跟社會的關注和協助互相結合，為保育文化尋求更大的傳承空間，把原屬社區的傳統文化引進至本港，甚或國家的歷史文化脈絡中，使更多人能一起分享和參與相關的非遺文化。

相較於物質文化遺產，要適當地保育觸不到的非物質文化遺產似乎更為困難，除了需要更多不同群體的組織和合作，亦需要地理或建築等物理條件的配合，才能把無形的文化具體地呈現出來及延續下去。面對着持續變化的環境，社區更需為文化作出適度的選擇和調適，在「變」與「不變」間取得平衡，使文化能不失其價值和內涵地獲得傳承；而社會也需思考如何為無形的文化保留生存的空間，同時提供更實際而在地的協助，鼓勵社區充分發揮內在的能動性，協力把文化延續，令傳統文化不至於在時代的洪流沖刷下消失於無形。如何正確地保育非物質文化遺產，相信這個問題會被一直討論和思考。

希望在文化保育的道路上，繼續與各位讀者共勉之。

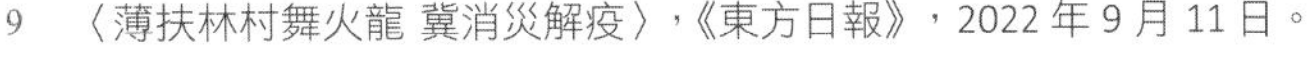

9 〈薄扶林村舞火龍 冀消災解疫〉，《東方日報》，2022 年 9 月 11 日。

參考資料

書籍

【唐】歐陽詢撰、汪紹楹校：《藝文類聚．卷一百》〈災異部．旱〉（上海：上海古籍出版社，1965 年）。

【清】王韜：〈香港略論〉，《弢園文錄外編篇》卷六（中華書局點校本，1959 年），頁 179。

【清】王韜：〈香港略論〉，《弢園文錄外編》（瀋陽：遼寧人民出版社，1994 年），頁 262。

【清】王韜：《弢園文錄外編》卷一〇，頁 177-178；載馬金科編：《早期香港史研究資料選輯（下冊）》（香港：三聯書店，2019 年），頁 404-407。

【清】李惟丙、勞銘勳修；文岳英等纂：《衡山縣志（光緒）》（清光緒間（1875－1908），中國數字方志庫。

【清】汪由敦：《松泉集．詩集卷二》（清文淵閣四庫全書本），文淵閣四庫全書數據庫。

【清】胡瑃修；勒殷山纂：《龍川縣志（嘉慶）》（清嘉慶二十三年 [1818]），中國數字方志庫。

【清】畢沅撰：《續資治通鑒．卷五十六》（清文淵閣四庫全書本），文淵閣四庫全書數據庫。

【清】陳釗鏜修；李其馨等纂：《趙州志書（道光）》，中國數字方志庫。

【清】舒懋官修；王崇熙等纂：《新安縣志》卷二〈輿地一．都里〉，頁八十二（清嘉慶二十五年刊本；台北市：成文出版社，1974 年）。

【漢】董仲舒：《春秋繁露》，卷十六，〈求雨〉，頁三至六（台北：中華書局據抱經堂本校刊，1965 年）。

【漢】董仲舒撰；賴炎元注譯；中華文化復興運動推行委員會，國立編譯館中華叢書編審委員會主編：《春秋繁露今注今譯》（台北：台灣商務印書館，1984 年）。

《太平御覽．卷第七百三十五》〈方術部十六〉（四部叢刊三編景宋本），文淵閣四庫全書數據庫。

《自鳴集．卷二（民國豫章叢書本）》，中國基本古籍庫。

「薄扶林村手繪地圖」（2015），薄扶林村文化環境保育小組。

Dairy Farm, Ice and Cold Storage Co. Ltd. *The Dairy Farm Ice and Cold Storage Co., Ltd., Hong Kong 1886 to 1919*. Hong Kong: The Company, 1919.

David Faure. Emperor and Ancestor: *State and Lineage in South China*. Stanford: Stanford

University Press, 2007。

David Faure. *The Structure of Chinese Rural Society: Lineage and Village in the Eastern New Territories, Hong Kong*. Hong Kong: Oxford University Press, 1986.

Stuart Braga. *Making Impressions: The adaptation of a Portuguese family to Hong Kong, 1700-1950*. Macau: Instituto Internacional de Macau, 2015.

《中國民族民間舞蹈集成》編輯部：《中國民族民間舞蹈集成．廣西卷》（北京：中國ISBN中心，1992年）。

《中國民族民間舞蹈集成》編輯部：《中國民族民間舞蹈集成．廣東卷》（北京：中國ISBN中心，1996年）。

中國民族民間舞蹈集成編輯部：《中國民族民間舞蹈集成廣西卷》（北京：中國ISBN中心，1992年）。

中國銅梁龍燈藝術節組委會編：《中國龍文化與龍舞藝術研討會論文集》（重慶：重慶出版社，2000年）。

中國體育博物館國家體委文史工作編委會編：《中華民族傳統體育志》（南寧：廣西民族出版社，1990年）。

中華舞蹈志編輯委員會：《中華舞蹈志：廣西卷》（上海：學林出版社，2004年）。

中華舞蹈志編輯委員會：《中華舞蹈志：廣東卷》（上海：學林出版社，2006年）。

牛奶飲品食品業職工會：《牛奶飲品食品業職工會——成立四十周年會慶特刊1946－1986》（香港：牛奶飲品食品業職工會，1986年）。

朱介凡編：《中華諺語志（第六冊）》（台北：台灣商務印書館，1989年）。

吳友如、張奇明：《點石齋畫報：大可堂版》（第八冊）光緒十七年辛卯三月中旬至光緒十八年壬辰正月上旬1891年4月至1892年2月（上海：上海畫報出版社，2001年）。

吳富德：《中華民俗藝術——舞龍》（台北：中華民國僑務委員會，1989年）。

明愛社區發展服務：《薄扶林村——太平山下的歷史聚落》（香港：三聯書店，2012年）。

明愛薄扶林社區發展計劃：〈新自由主義下留住薄扶林村〉，載香港社會服務聯會編：《社區發展資料彙編2019：堅守、開拓、創新（第二版）》（香港：超媒體出版社，2020年），頁219至226。

臥雲樓主人（鄭翘松）纂修：《永春縣志》（民國十九[1930]），中國數字方志庫。

夏其龍：《內外縱橫太古樓——太古樓與薄扶林區歷史發展》（香港：香港中文大學天主教研究中心，2012年）。

徐華鐺：《中國的龍》（北京：輕工業出版社，1988 年）。
梁炳華：《南區風物志》（香港：南區區議會，1996 年）。
陳弦章：《民間信仰與客家社會》（台北市：崧博出版事業有限公司，2019 年）。
陳賡虞修；陳及時纂：《始興縣志》（民國十五年 [1926]），中國數字方志庫。
程美寶：《地域文化與國家認同：晚清以來「廣東文化」觀的形成》（北京：三聯書店，2006 年）。
樂艾倫：《伯大尼與納匝肋：英國殖民地上的法國遺珍》（香港：香港大學出版社，2011 年）。
蔡志祥：《打醮：香港的節日和地域社會》（香港：三聯書店，2000 年）。
蔡志祥：《酬神與超幽：香港傳統中國節日的歷史人類學視野（上卷）》（香港：中華書局，2019 年）。
衛聚賢：《龍與舞龍》（香港：說文社，1953 年）。
鄭志明：《宗教神話與崇拜的起源》（台北：大元書局，2005 年）。
鄭德華主編：《中國龍文化研究：以澳門舞醉龍及其他個案為中心》（香港：三聯書店，2019 年）。
鄭賢書修；張森楷纂：《民國新修合川縣志》（民國十年 [1921]），中國數字方志庫。
薄扶林村街坊福利會：《薄扶林村中秋火龍百年慶典：紀念特刊》（香港：薄扶林村街坊福利會，2010 年）。
歷年《香港年鑑》。香港：華僑日報有限公司。

文章／論文

A.R. Johnson. "Note on the Island of Hong-Kong", *The Journal of the Royal Geographical Society of London*, Vol. 14, 1844, pp. 113-114.
Chan-fan, Ng. "*Pokfulam: A Geographical and Historical Survey*", Undergraduate essay presented in the Department of Geography and Geology, Hong Kong: The University of Hong Kong, 1957.
Gan, Bee Lay. "*Dairy Farming in the Colony of Hong Kong*", Unpublished dissertation, The University of Hong Kong Library, 1955.

James Hayes. "Programme Notes for the visit to Pokfulam, Hong Kong Island, 29 July, 1972", in *Journal of the Hong Kong Branch of the Royal Asiatic Society*, Vol. 12, 1972, p. 211.

James Watson. "Standardizing the Gods: The Promotion of Tien Hou (Empress of Heaven) Along the South China Coast, 960-1960", in David Johnson, Andrew J. Nathan, and Evelyn S. Rawski. (eds.) *Popular Culture in Late Imperial China*, Berkeley: University of California Press, 1985, pp. 292-324.

Suk-yee, Kwok. (郭淑儀). *The Last Village: Vultural Memories of the Tangible and Intangible Heritage of Pokfulam Village on Hong Kong Island*. Thesis. Hong Kong: The University of Hong Kong, 2008. Retrieved from http://dx.doi.org/10.5353/th_b4218907.

邵俊傑：〈遊草龍〉，《少年（上海 1911）》第 13 卷第 10 期，1923 年，頁 81-82。

陳康言：〈消失村落的重聚香港薄扶林道西國大王廟的盂蘭勝會〉，載《田野與文獻》，第 82 期，2016 年，頁 23-28。

黃原華：〈論商周巫舞祈雨祭的文化傳承與流變〉，《中華人文社會學報》第 12 期，2010 年 3 月，頁 96-155。

楊明敬：〈摩登廣東舞龍人〉，載中國銅梁龍燈藝術節組委會：《中國龍文化與龍舞藝術研討會論文集》，頁 329-332。

廖迪生：〈「傳統」與「遺產」── 香港「非物質文化遺產」意義的創造〉，載《非物質文化遺產與東亞地方社會》（香港：香港科技大學華南研究中心、香港文化博物館，2011 年），頁 270-271。

廖迪生：〈非物質文化遺產：新的概念，新的期望〉，《非物質文化遺產與東亞地方社會》（香港：香港科技大學華南研究中心，2011 年），頁 5-6。

廖迪生：〈傳統、認同與資源：香港非物質文化遺產的創造〉，載文潔華主編，《香港嘅廣東文化》（香港：商務印書館，2014 年）。

廖夢華：〈舞龍儀式的人類學探析──以融水三防舞龍文化的田野考察為例〉，《柳州師專學報》，24：6 (2009)，頁 28。

潘淑華：〈英靈與餓鬼：民國時期廣東地區的盂蘭節與萬緣會〉，載蔡志祥、韋錦新、潘淑華編：《迷信話語：報章與清末民初的移風易俗》（香港：香港科技大學華南研究中心，2013 年），頁 ii-xvi。

蔡志祥：〈香港長洲島的神廟、社區與族群關係〉，載鄭振滿、陳春聲主編：《民間信仰與社會空間》（福州：福建人民出版社，2004 年），頁 354。

報章

《大公報》
《工商晚報》
《太陽報》
《生活區報（香港經濟日報）——港島東》
《明報》
《東方日報》
《東方新地》
《東網》
《信報財經新聞》
《南區新聞》
《星島日報》
《香港商報》
《都市日報》
《都市流行》
《華僑日報》
《福爾摩斯》
Apple Daily
Hong Kong Daily Press
China Mail
South China Morning Post
香港《工商日報》
香港《華字日報》

影視資源

謝瑞芳監製：「香港故事 —— 職外高人：龍的傳人」，香港電台製作，2016 年 11 月 12 日。

政府文件

Antiquities Advisory Board. "*Historic Building Appraisal of the Old Dairy Farm in Pok Fu Lam, Hong Kong — Cowsheds, Bull Pen and Paddocks*". Antiquities Advisory Board. 2017, p. 1.

"*Memorandum and Articles of Association of Hong Kong Pokfulam Village Kai-Fong Welfare Association Limited*". Hong Kong: Companies Registry, 1969.

Official Report of Proceedings, Wednesday, 21 January, 1981, p. 374，取自立法會網頁：https://www.legco.gov.hk/yr80-81/english/lc_sitg/hansard/h810121.pdf（讀取日期：2022 年 6 月 13 日）。

南區區議會秘書處：〈南區區議會撥款申請：2010－2011 年度南區旅遊文化節項目「細味薄扶林村 ——《中秋火龍》文化創意計劃」〉，議會文件 30/2010 號，2010 年 3 月。

香港土地註冊處文件：薄扶林村地段集體官契，1893 年。

香港科技大學華南研究中心：〈香港非物質文化遺產普查研究表：舞火龍（薄扶林村）〉。

香港特別行政區政府新聞公報：〈政府公佈首份香港非物質文化遺產代表作名錄〉https://www.info.gov.hk/gia/general/201708/14/P2017081400644.htm（讀取日期：2021 年 3 月 8 日）。

香港警務處：〈舞龍舞獅舞麒麟許可證申請簡介〉，香港警務處網頁：https://www.police.gov.hk/ppp_tc/11_useful_info/licences/poess.html（讀取日期：2022 年 6 月 13 日）。

歷史檔案及文獻

殖民地部（Colonial Office）第 129 號檔案組別（CO 129）

CO 129/10 Colonial Outward Correspondence: Sir H. Pottinger: 1841-1844.

CO 129/16 Despatches: 1846 Jan.-June.

CO 129/56 Despatches: 1856 June.

CO 129/77 Despatches: 1860 Jan.-June.

香港政府檔案處歷史檔案館館藏

HKRS 156-1-1241 General Correspondence Files-Pokfulam Village School-New Site for, 23.01.1948-29.04.1948.

HKRS 1615-2-2 Pokfulam Village, 22.08.1997-21.01.1999。

HKRS 287-1-814 General Correspondence Files-Pokfulam Village, 12.1952-01.1969.

HKRS 337-4-2648 (R.B.L. 946) Community Centre at Pokfulam Village, H.K.-Grant of Land to Pokfulam Village KaiFong Association for a ...., 7.1.1969-26.5.1978.

HKRS 38-2-2 Rates Assessment, Valuation and Collection Books-Hong Kong, 1860.

HKRS 38-2-4 Rates Assessment, Valuation and Collection Books-Hong Kong, 1867.

HKRS 58-1-16-60 C.S.O. Files in the Land Office-Crown Land Above the Pokfulam Village-Application from Dairy Farm Co. for Permission to Lease- (I.L. 1630), 11.10.1900-18.11.1900.

HKRS 58-1-18-57 Road off Pokfulam Road-Recommending Reopening of a-, 20.11.1901-22.11.1901.

HKRS 58-1-41-15 Land at Pokfulam-Dairy Farm Co. Ltd. desire to acquire for housing cattle, 31.08.1907-27.12.1922.

HKRS 58-1-67-6 C.S.O. Files in the Land Office-Crown land opposite Dairy Farm Co's Premises, Pokfulam— Application of Dairy Farm Co. For Purchase, 21.1.1913-17.4.1914.

HKRS 590-3-265 Hong Kong Pokfulam Village Residents' Welfare Association, 27.12.1966-12.07.1993.

HKRS 835-1-68 Pokfulam Village Lots-General Policy, 02.02.1959-19.11.1969.

HKRS590-3-588 Pokfulam Sports and Recreation Association 薄扶林康體會, 7.2.1990-15.7.1991.

MA 002468 Plan of Hong Kong Farm at Pokfulam during the Japanese Occupation between 1941-1945.

香港政府網上報告（香港大學圖書館館藏）

Hong Kong Blue Book for the Year 1844, 1845, 1846.

Hong Kong Government Gazette, 11 June, 1881.

Hong Kong Government Gazette, 11 October, 1890.

Hong Kong Government Gazette, 21 June, 1856.

Hong Kong Government Gazette, 29 March, 1856.

Report on the Census of the Colony for 1921, Sessional Papers 1921.

Report on the Census of the Colony of Hong Kong, 1931, Sessional papers No. 5/1931.

網絡資源

《合集》29990；引自「漢字甲骨部件分析 —— 龍」，香港中文大學漢語多功能字庫網頁：http://humanum.arts.cuhk.edu.hk/Lexis/lexi-mf/oraclePiece.php?sub=1&piece=%E9%BE%8D（讀取日期：2022 年 6 月 13 日）。

「2015 年薄扶林村火龍盛會致辭（概要）」，見 Facebook 專頁「Pokfulam Village 薄扶林村」，2015 年 9 月 28 日：https://www.facebook.com/PokfulamVillage.org/photos/a.644822698911992/960297960697796/（讀取日期：2022 年 6 月 13 日）。「吳江乾竹藝工作室」Facebook 貼文，2020 年 11 月 8 日：https://www.facebook.com/NgKongKinBambooArtStudio/posts/pfbid025YLXfEkkqrxHq8teEJsnbgtLFNTHbdd7NHghDqhLTJ2w8BLFBQrvu8QSZbTD1UZKl（讀取日期：2022 年 6 月 13 日）。

「國家級非物質文化遺產代表性項目名錄」，中國非物質文化遺產網：https://www.ihchina.cn/chinadirectory.html#target1（讀取日期：2022 年 6 月 13 日）。

「第一屆薄扶林村聚落節 2013」，載明愛薄扶林社區發展計劃：「薄扶林村的抗逆力」網頁：https://pokfulamvillage.com/resilience/event/%E7%AC%AC%E4%B8%80%E5%B1%86%E8%96%84%E6%89%B6%E6%9E%97%E6%9D%91%E8%81%9A%E8%90%BD%E7%AF%80-2013/（讀取日期：2022 年 6 月 13 日）。

「景點簡介」，薄扶林村社區檔案館網頁：http://www.pflv.org.hk/tc/media.php?page=community&subsection=44&event=96（讀取日期：2022 年 6 月 13 日）。

「發展局 —— 局長隨筆：活化歷史建築—薄鳧林牧場」，載發展局網頁：https://www.devb.gov.hk/tc/home/my_blog/index_id_1509.html（讀取日期：2022 年 6 月 13 日）。

「絕世港佬第 3 集 ——火龍紮作師傅以竹會友」，無綫電視製作，2019 年 10 月 5 日。

「龍舞（銅梁龍舞）」，中國非物質文化遺產網：https://www.ihchina.cn/project_details/12832/（讀取日期：2022 年 6 月 13 日）。

大坑坊眾福利會：「大坑火龍起源」，http://www.taihangfiredragon.hk/about.html（讀取 2022 年 6 月 13 日）。

香港非文化遺產資料庫：〈來吧！一起紮火龍〉，香港非文化遺產辦事處網頁：https://www.hkichdb.gov.hk/zht/item.html?98d69ccd-7a5d-4a62-81ef-ebbf9b8e31f1（讀取日期：2021 年 3 月 21 日）。

香港檔案學會、薄扶林村環境保育小組：《薄扶林村社區檔案館》網頁：http://www.pflvarchives.org.hk/tc/media.php?page=community&subsection=44&event=96（讀取日期：2022 年 6 月 13 日）。

薄扶林村火龍會：〈薄扶林村火龍會紀錄片 —— 龍情・薄扶林〉，2022 年 1 月 5 日，載薄扶林村火龍會 YouTube 頻道：https://www.youtube.com/watch?v=Q3qRuQvAL7w（讀取日期：2022 年 6 月 13 日）。

鍾寶賢（2022）。香港非物質文化遺產代表作名錄 中秋節—薄扶林舞火龍研究計劃。取自香港浸會大學圖書館《史庫》：https://digital.lib.hkbu.edu.hk/history/firedragondance/route2020/（讀取日期：2022 年 8 月 1 日）。

簡仲宜導演：「重現及傳承薄扶林村火龍牌 Pokfulam Village Fire Dragon Sign」（香港：Valkan Productions，2020 年 12 月），載【拾圍安歌】龍躍頭圍村新娘的末代哭嫁聲 YouTube 頻道，2021 年 2 月 24 日：https://www.youtube.com/watch?v=dMFBbXKqj7k&t=50s（讀取日期：2022 年 6 月 13 日）。

New South Wales Government Gazette (Sydney, NSW: 1832-1900), Friday 18 April 1845 (No.31), p. 409. Retrieved from: http://nla.gov.au/nla.news-article230362307（讀取日期：2022 年 6 月 13 日）。

"Floyd, William Pryor", Historical Photographs of China 網頁：https://hpcbristol.net/photographer/floyd-william-pryor（讀取日期：2022 年 6 月 13 日）。

考察與訪問

2018 年 9 月 24 日薄扶林村中秋舞火龍考察。

2020 年 10 月 1 日薄扶林村中秋舞火龍考察。

2020 年 9 月 1 日西國大王廟盂蘭勝會考察。

2020 年 10 月 28 日薄扶林村火龍紮作師傅吳江乾先生訪問。

2021 年 1 月 10 日薄扶林村火龍紮作師傅吳江乾先生訪問。

2021 年 1 月 15 日火龍會總監蕭昆崙先生訪問。

2021 年 1 月 16 日葉志偉先生訪問。

2021 年 3 月 4 日薄扶林村火龍會總監蕭昆崙先生訪問。

2021 年 3 月 20 日薄扶林村火龍會總監蕭昆崙先生訪問。

2021 年 5 月 26 日李靈仙姐誕考察暨陳佩珍女士訪問。

2021 年 6 月 17 日陳佩珍女士訪問。

2021 年 8 月 21 日西國大王廟盂蘭勝會考察。

2022 年 9 月 10 日薄扶林村中秋舞火龍考察。

2021 年 9 月 12、13 和 16 日薄扶林村火龍紮作師傅吳江乾先生訪問。

2021 年 9 月 21 日薄扶林村中秋舞火龍考察。

2021 年 12 月 28 日吳嘉豪訪問。

2022 年袁家俊訪問。

2022 年顏鋑彥訪問。

「中秋節—薄扶林舞火龍研究計劃」專題網站：

https://digital.lib.hkbu.edu.hk/history/firedragondance/

附錄 2018-2019年舞火龍圖輯（劉永康@康港劉影）

2018

劉永康 @ 康港劉影

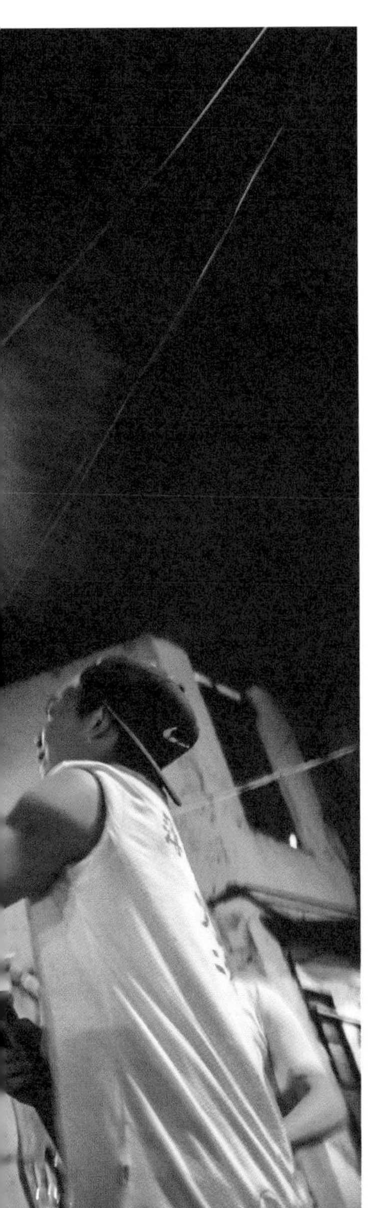

2018

2018

扶林村
火龍
二零一九

2019

劉永康 @ 康港劉影

薄扶林村
火龍
二零一九
薄扶林村
火龍

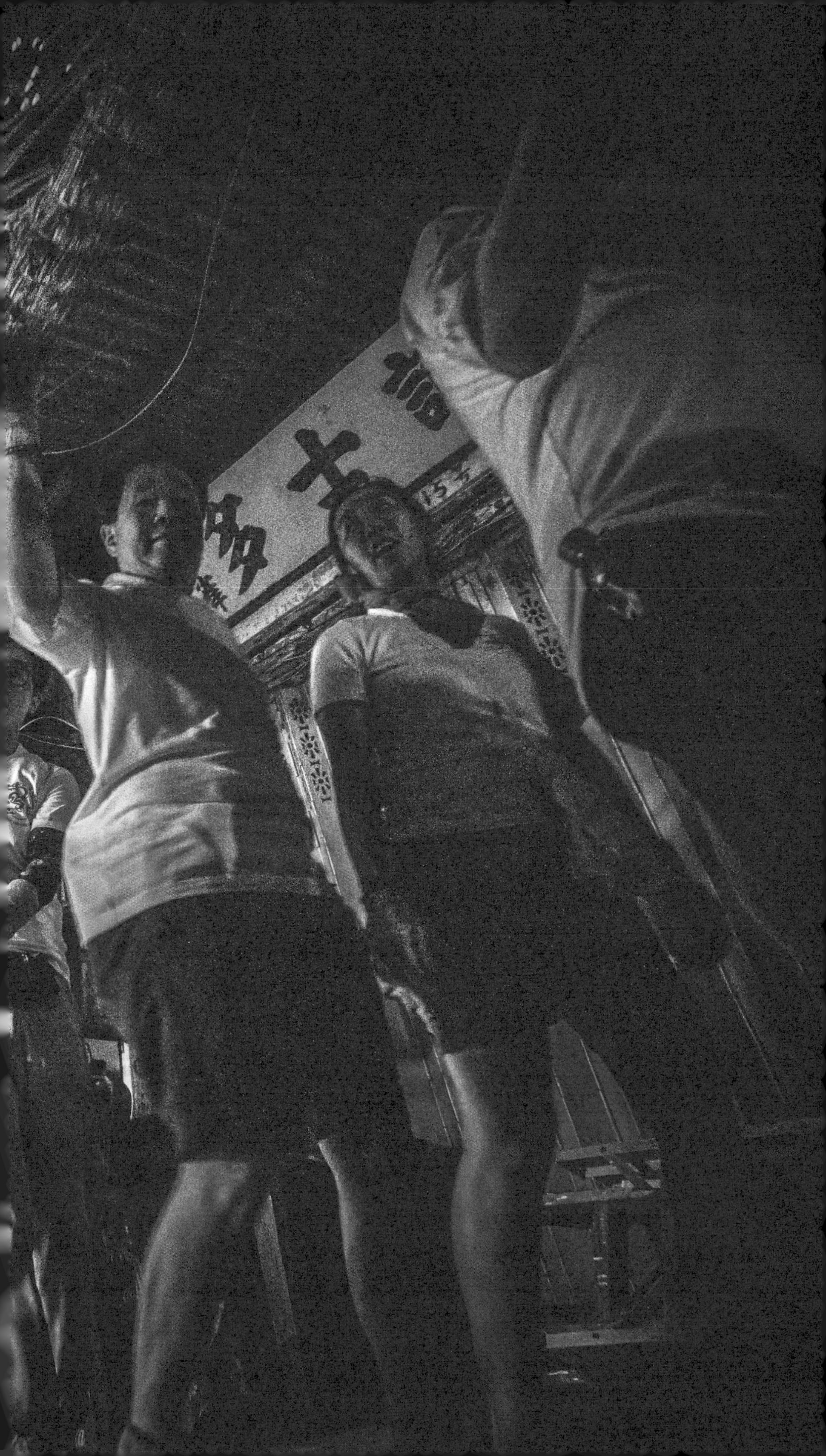

2019

薄扶林
火

2019

溥扶林村
火龍

鳴謝

研究團隊成員／學生助理：

梁銘城先生

黃楚喬小姐

吳文洛先生

鄧　悠小姐

薄扶林村村民：

蕭昆崙先生

吳江乾師傅

葉志偉師傅

陳佩珍女士

江　森先生

黃廣長先生

高永康先生

蘇麗安女士

學術伙伴：

呂永昇博士

盧淑櫻博士

陳子安先生

拍攝和照片提供：

高添強先生

劉永康先生

翁怡富先生

吳嘉豪先生

李康賢先生

組織：

非物質文化遺產辦事處

薄扶林村火龍會

薄扶林村街坊福利會

薄扶林村文化地景保育小組

香港政府檔案處

香港大學圖書館

Harvard-Yenching Library

香港非物質文化遺產系列

中秋節——薄扶林舞火龍

鍾寶賢　郭錦洲　著

責任編輯　葉秋弦
版式設計　簡雋盈
排　　版　楊舜君
印　　務　劉漢舉

出　　版
中華書局（香港）有限公司
香港北角英皇道 499 號北角工業大廈一樓 B
電話：（852）2137 2338
傳真：（852）2713 8202
電子郵件：info@chunghwabook.com.hk
網址：http://www.chunghwabook.com.hk

發　　行
香港聯合書刊物流有限公司
香港新界荃灣德士古道 220 – 248 號荃灣工業中心 16 樓
電話：（852）2150 2100
傳真：（852）2407 3062
電子郵件：info@suplogistics.com.hk

印　　刷
寶華數碼印刷有限公司
香港柴灣吉勝街 45 號勝景工業大廈 4 樓 A 室

版　　次
2023 年 6 月初版

規　　格
大 16 開（287mm x 178mm）

ISBN
978-988-8809-29-5